RECUEIL DE TEXTES

ANTÉRIEURS AU XVIᵉ SIÈCLE

RELATIFS AUX

COUTUMES DE PARIS

ET

DE L'ILE DE FRANCE.

(Iʳᵉ LIVRAISON.)

PARIS,

AUGUSTE DURAND, LIBRAIRE,

RUE DES GRÉS-SORBONNE, 3.

M DCCC XLV.

Typographie de Firmin Didot frères, rue Jacob, 56.

AVIS.

Parmi les documents propres à éclaircir l'histoire de l'ancien droit français, il en est peu d'aussi intéressants que ceux qui peuvent nous apprendre de quelle manière la plus célèbre de nos anciennes coutumes, celle de Paris, s'est peu à peu modifiée depuis le moment où l'on en trouve les premières traces jusqu'à celui où elle fut officiellement rédigée par l'ordre du roi Louis XII. Plusieurs textes de ce genre sont publiés depuis longtemps, et les érudits en ont souvent fait usage; mais ils sont disséminés dans des ouvrages rares, volumineux et chers. D'autres, qui ne méritent pas moins d'attention, sont restés manuscrits. Il nous a semblé utile de réunir ceux de ces divers fragments qui se sont conservés jusqu'à ce jour, et d'en former un Corps du Droit parisien au moyen âge.

Voici les principales pièces qui doivent composer cette collection :

1° Un choix de chartes et d'autres documents contenant les traces les plus anciennes que l'on connaisse de la Coutume de Paris jusque vers le milieu du treizième siècle.

2° Li livre qui enseigne coment l'on doit proposer à parler devant tous juges et espécialement en court laye. (Publié sous le titre d'*anciennes constitutions du Châtelet de Paris*, dans l'édition posthume du Commentaire d'E. de Laurière sur la Coutume de Paris. Nous n'en connaissons pas de manuscrit.)

3° Sentences du Parloir aux bourgeois; celles, du moins, qui sont relatives au droit civil. (Publ. dans les pièces justificatives de l'*Hist. de l'Hôtel-de-ville*, par M. Le Roux de Lincy. Le manuscrit existe aux Archives du royaume.) 1268—1325.

4° Aliqua de stylo curiæ Parlamenti. Rédigé entre les années 1330 et 1371.

5° Notables points de l'usage de France et de Paris. (Inédit.)

6° Extraits des registres du Châtelet. (Inédit.)

7° et 8°. Deux traités de procédure, de la fin du quatorzième siècle. (Inédits.)

9° Coutumes notoires du Châtelet. (Publ. dans l'édition posthume du Comment. de Jul. Brodeau sur la Coutume de Paris. Nous n'en connaissons pas de manuscrit.)

10° Décisions de Jean Desmares. (Publ. dans le même Comment. de Jul. Brodeau. Nous n'en connaissons pas de manuscrit.)

Chaque document sera précédé d'une courte dissertation critique, et accompagné de notes explicatives, de conférences, de rapprochements avec la législation moderne, enfin d'éclaircissements historiques.

Le recueil sera terminé par une table méthodique des points de droit qu'il renferme.

Le quatrième de ces articles, récemment publié dans la *Bibliothèque de l'École des Chartes*, et le cinquième, forment la présente livraison.

ALIQUA DE STYLO

CURIÆ PARLAMENTI.

Parmi les copies qui nous sont restées du traité de procédure rédigé vers l'an 1330 par l'avocat Guillaume du Brueil(1), l'une d'elles, celle que l'on conserve à la Bibliothèque royale dans le volume coté n° 4643 des manuscrits latins, porte immédiatement après la formule qui la termine « *explicit stilus parlamenti*» ces mots : « *Sequuntur aliqua de stillo curie parlamenti; non sunt in curia tamen parlamenti pro stillo, sed pro consuetudine servantur in curia ipsa.* » Cette rubrique est en effet suivie d'environ vingt-cinq alinéas, contenant un nombre à peu près égal de dispositions du droit civil, qu'un jurisconsulte du quatorzième siècle regardait apparemment comme les plus dignes d'être mises par écrit. C'est un opuscule de peu d'étendue ; il occupe moins de trois pages du volume où il se trouve. Nous ignorons quel en est l'auteur, mais le manque de renseignements à ce sujet mérite peu de regrets. Les quelques lignes *de stylo curiæ* eussent été d'un très-faible avantage pour la renommée de celui qui les a écrites, et l'intérêt qu'elles peuvent avoir ne tient nullement à un nom. Nous avions pensé d'abord qu'elles étaient de Guill. du Brueil, mais cette conjecture n'est pas suffisamment

---

(1) Voy. la Vie de G. du Brueil, publiée dans la *Biblioth. de l'Éc. des Chartes*, t. III, p. 47.

appuyée. La seule chose certaine à cet égard, c'est que l'auteur était, comme du Breuil, versé dans la pratique du parlement de Paris, et qu'il écrivait, nous le démontrerons plus loin (pages 8, 11 et 20), entre les années 1330 et 1371. Au premier coup d'œil, il ne semble pas avoir été dirigé par des idées bien logiquement enchaînées. Cependant, l'ordre qu'il a observé se rencontre à peu près le même dans la Coutume de Paris de 1510. Comme lui, cette Coutume s'occupe d'abord des matières féodales et des droits seigneuriaux (ch. 1 et 2); un peu plus loin, des testaments (ch. 7); puis de la garde noble et bourgeoise (ch. 8 et 9), de la communauté entre époux (10), du douaire (12), et du don mutuel (14). Nous signalons ce rapprochement sans vouloir en tirer conséquence. Après tout, il ne faut nullement le regarder comme extraordinaire. La plupart des coutumes présentent dans la distribution des matières une certaine uniformité : cela ne prouve pas qu'elles aient été copiées les unes sur les autres, mais seulement (ce dont personne ne doute) qu'il a régné pendant le moyen âge des idées générales sur l'importance relative des institutions. Ainsi, les premières lignes de nombre de coutumes sont consacrées à l'étude des fiefs, parce que les lois féodales étaient la base de l'organisation de la société, et qu'aux yeux de tout le monde le régime des fiefs était ce qu'il fallait déterminer avant tout. C'est pour cela aussi que notre document commence par une décision relative aux lods et ventes.

Il est nécessaire de dire quelques mots de la manière dont nous croyons devoir publier les *Aliqua de stillo parlamenti*. Le style de cette pièce n'est rien moins qu'élégant, mais il est assez clair. L'écriture, qui paraît appartenir à la seconde moitié du quatorzième siècle, est surchargée d'abréviations et difficile à lire. Nous avons mis tous nos soins à donner un texte fidèle, et nous avons indiqué dans des notes les endroits embarrassants ou douteux. Quelques mots nous ont paru devoir être restitués; nous les avons placés entre crochets. La division par paragraphes, que nous avons établie, est à peu près la même que la division du manuscrit en alinéas.

Après avoir donné le texte, nous en signalerons, selon notre pouvoir, les points intéressants; et, pour en faciliter la lecture, nous donnerons, à chaque paragraphe de nos notes, la traduction ou la paraphrase du paragraphe latin auquel elles se rapportent.

Sequuntur aliqua de stillo curieparlamenti (1); *non sunt in curia tamen parlamenti pro stillo, sed* (2) *pro consuetudine servantur in curia ipsa.*

1. In vicecomitatu Parisiensi est consuetudo quod, si vendantur hereditagia vel pignorantur ultra novem annos, domino debentur vente; secus si vendantur vel pignorantur ad vitam alicujus, propter incertitudinem vitæ.

2. Item ibidem est consuetudo quod legatum vel donum factum alicui existenti in gardia patris vel matris, altero eorum mortuo, quod fit sine adicione certe cause, dicitur esse conquestus aput illum qui dictam gardam habet, et de eo potest ordinare.—(3) Hoc est contra jus, quare ista sunt bona adventicia et filiis queruntur quoad proprietatem, posito eciam quod sint in potestate parentum, et ita multo forcius ipsis a patria (4) potestate liberatis per mortem patris queri debent.

3. Heredes alicujus possunt requirere contra executorem testamenti deffuncti, ut eis dictum testamentum tradatur ad complendum; et habebunt, ipsis tradendo caucionem de implendo.

4. In villa Parisiensi nullus potest acquirere super vicinum servitudinem aquarum, introitus, exitus (5) per vicini locum, vel stillicidium recipiendi, per prescripcionem cujusque temporis sine titulo; sed oportet quod habeat juris constitucionem de consuetudine.— (6) Eciam tanti de cujus contrario hominum memoria [non] existit, secundum quosdam, licet in hoc jus contradicat. Cum titulo tamen et bona fide prescribitur x annis inter presentes et xx inter absentes, et licet de jure presencia vel absencia per provincias distinguitur, de consuetudine tamen dicitur secundm episcopatus et dioceses secundum quosdam, vel secundm bailliviatus et senescalias secundum aliquos.

5. In prepositura Parisiensi et ejus ressorto nullus cliens equester dicte propositure potest facere execucionem aliquam vel arestum in terra

(1) Peut-être est-ce « de stillo curie *presenti* » qu'on doit lire.

(2) La pièce porte, ici, non point *sed* mais *seu*; d'après le sens de la phrase, nous avons cru la correction nécessaire.

(3) Cette seconde phrase est écrite en marge du texte, comme une glose, et rapportée par un signe de renvoi à l'endroit où nous l'avons placée.

(4) Ou *prima ?*

(5) « *Introitus, exitus.* » Ces mots se trouvent dans le Ms ajoutés entre deux lignes, puis biffés et reportés ailleurs, savoir, entre les mots de *consuetudine* et *eciam;* mais ils n'ont de sens ni là, ni où ils étaient d'abord. Nous leur avons donné arbitrairement une place où ils semblent être plus d'accord avec le reste de la phrase.

(6) Les lignes qui suivent, jusqu'a la fin de l'alinéa, forment un renvoi placé en marge du texte sur les mots « prescriptionem cujusque temporis, » dont ils sont en effet le commentaire.

alicujus alti justiciarii per se nec vocata secum justicia dicti alti justiciarii, de consuetudine. De clientibus simplicibus qui dicuntur clientes
ad virgam, non est dubium, quia ipsi nichil possunt facere nisi in villa
vel banleuca Parisiensi : sed adjornamentum et similia possunt facere.

6. Item multo magis, si esset cliens regius alterius prepositure vel
bailliviatus. Et hoc est generale, scilicet, quod in terra alicujus alti
justiciarii ubique sit, nullus serviens regius vel alius unum expletum
potest facere quod contineat execucionem vel arrestum, nisi per com-
missionem continentem casum a superiore emissam, et justicia loci
secum vocata, hoc faciat.

7. Burgenses qui habent gardam suorum liberorum, altero parente
mortuo non faciunt fructus suos nec solvunt eciam debita : sed nobiles
habent baillium suorum, debita solvunt et eis solvitur, et faciunt fructus
suos ; et sufficit quod legitima etate reddant eos quitos et hereditagia
eorum in bono statu. — Sed alii tenentur reddere compotum ususfructus
et aliarum rerum adveniente legitima etate. Tamen sunt aliqui qui dicunt : Sint nobiles vel non, si ratione garde sint aliqua feuda, quod tunc
debent reddere gardam quitam et liberam ; et hoc ratione feudorum.

8. Et etiam inter nobiles, altero conjugum mortuo, supervivens debet
habere omnia mobilia et conquestus jure suo, et super hoc medietatem
tenetur solvere omnibus creditoribus, et eciam debita sibi solvuntur; nisi
renunciet supervivens dictis mobilibus, etc., quare per hoc evitabit omnia
credita, etc. ; et eciam hoc casu debita non recipiet secundum plurium
locorum consuetudines, licet de jure debita et credita inter heredes
dividantur pro porcionibus hereditariis.

9. Nullus eciam supervivens tenetur suscipere gardam vel baillium
suorum liberorum vel aliorum de genere suo, nisi ei placeat; maxime
secundum consuetudinem Campanie.

10. Nota quod dominus habens castrum et ressortum, potest pro suo
ressorto procuratorem facere sub sigillo suo et valebit, quia sigilla baro-
num et maxime habentium altam juridictionem, sunt autentica, et faciunt
plenam fidem sine inscriptione testium ; et maxime in ducatu Normanie.

11. Consuetudo est secundum quosdam quod maritus delinquens,
nedum hereditagia propria forefacit, sed eciam mobilia, et omnia [quæ
sunt] conquestus communes inter ipsum et uxorem suam ; et ratio,
quia ipsorum dominus est et ipsos potest vendere vel aliquos alienare
eciam invita muliere. Dotem autem non forefacit quia vendere vel alienare non potest, eciam volente muliere, de jure.

12. Si vidua requirat contra heredem deffuncti dotem et douarium
sibi assignari, non debet habere aliqua arreragia, nisi ea quæ pendente

lite cadant, in casu tamen quo optinebit; nec potest petere dotem seu douarium sibi assignari nisi marito mortuo, eciam si essent per judicium ecclesie separati, secundum quosdam.

13. Si mulier percipiens dotem unam super aliquem locum douarium, moriatur ante percepcionem fructuum, successores eciam ipsius nullum jus habebunt; sed secus, si essent redditus in pecunia, quam tunc haberent pro porcione anni.

14. Item, si mulier mortuo marito suo petat dotem ab heredibus deffuncti, non habebit arreragia seu fructus a tempore mortis mariti, sed dumtaxat a tempore peticionis in judicio facte; et idem est in heredibus dicte mulieris, si petant douarium matris sue.

15. Mulier lucratur dotem statim quod maritus cum ea jacuit; supposito quod eam puellam dimiserit an non. Et sic puella pro douario agere potest; pro hoc ff. *de ri. nupt.* l. *Ideoque.*

Maritus non potest constituere matrimonio constante douarium nec in nocte; sed omne quod [constituitur], ante matrimonium constituatur. Quod est verum de douario convencionali.

Nam supposito quod in matrimonio contrahendo de douario nec fuerit cautum, mulier tamen est dotata tacite per consuetudinem de medietate omnium bonorum immobilium quam maritus habebat tempore matrimonii contracti, vel que postea sibi obvenient ex successione directa, secundum quosdam, et non ex latere. Alii dicunt quod in illis que postea marito obvenient sive ex recta linea sive ex latere, mulier nichil habebat quo ad douarium, sed dumtaxat partem suam mobilium que forte inde obvenerunt per generalem consuetudinem, que est quod mobilia et conquestus qui tempore mortis alterius conjugum reperiuntur, dividuntur per medietatem; et in eis habet supervivens medietatem, heredes deffuncti aliam.

16. Si maritus decedens faciat legata in testamento, heredes sui habebunt illa solvere super partem suam dumtaxat; quare pars mulieris per hoc non diminuetur in aliquo; et idem eciam (1).

17. Si maritus douarium qui promisit certum mulieri assignare, moriatur antequam assignetur, debet tunc douarium assidari super bona propria mariti, nec computabitur istud quasi esset debitum commune inter eos contractum.

18. Mulier quæ peccat in legem matrimonii sui, perdit dotem si contra eam probetur maritus.

(1) Cette phrase inachevée devait probablement se terminer comme la dernière phrase du § 25, par une citation, laquelle manque.

19. Uxori nec eciam, secundum aliquorum locorum consuetudinem, nichil in morte donare potest, vel sibi invicem legare. Tamen graciam sive donacionem mutuam et equalem sibi facere de omnibus bonis mobilibus possunt et conquestibus suis, que valebunt perpetuo pro donatario et ejus heredibus in quibusdam locis. Alibi vero non valebit dicta donacio, nec potest fieri nisi quoad usum fructum dumtaxat dictorum mobilium et conquestuum. Et si expresse ageretur quod valeret dicta donacio, quoad proprietatem, esset inutilis, secundum quosdam, nam quoad proprietatem valere non potest obstante consuetudine; nec eciam quoad usumfructum valebit, quare hoc non agebatur, nec fuit facta sub illa forma. Et sic non valebit ut agitur nec ut valere potuisset.

20. Item dicunt quidam quod, si talis donacio mutua fiat inter vivos, debet in morte confirmari; et eciam si sint liberi in potestate, debet fieri de eorum consensu, etc. Quod alii non credunt.

21. Item, de consuetudine generali, maritus est procurator legitimu et necessarius sue uxoris, quare habet exercicium omnium accionum uxori sue competencium : quod est verum de judiciis possessoriis, quare saisinam uxori competentem maritus deducit in judicium eciam nomine suo; quoad hereditagia vero vel meram proprietatem, licet ea deducat in judicium pro uxore, hoc est tamen nomine uxoris; et sic non est proprie ejus procurator de jure communi (1).

22. Secundum consuetudinem prepositure et vicecomitatus Parisiensis, si homo conjugatus, extra patriam existens, adjornatur, uxor sua potest ipsum excusare dicendo quod adjornamentum ad ejus noticiam non devenit; et si doceat ita esse, habebit primam quatuordenam ad notificandum marito dictum adjornamentum, et similiter secundam quatuordenam et terciam ex habundanti.

23. Si ambo parentes filium vel filiam collocent in matrimonium, potest admitti ad successionem ipsorum cum aliis liberis refferendo tamen, etc.; quod est verum si ambo parentes hoc agerint ante matrimonium quod tunc possent sine consensu ipsorum, ymmo eciam contra voluntatem aliorum liberorum. Sed post matrimonium non possent ambo parentes similiter hoc efficere nisi aliorum consensus interveniret liberorum, licet quilibet parentum quoad bona sua tantum hoc facere possit sine alterius conjugis vel liberorum consensu.

24. Secundum quorumdam locorum consuetudinem, parentes non

(1) Après *de jure communi,* on lit encore les mots : *alterius partium*(?) *verba concipiat,* lesquels terminent le paragraphe; nous les avons supprimés, ne voyant pas quel sens ils pourraient avoir.

possunt testando vel aliter disponendo de bonis suis facere meliorem condicionem unius heredis quam alterius, sive in mobilibus, sive in conquestibus, sive in immobilibus; si illi heredes sic successuri sint in pari gradu; et ideo non valeret legatum factum nepoti ex filio vivente in cujus est potestate, quia filio acquireretur et sic per obliquum fraudarentur alii filii; et predicta obtinent in ascendentibus et descendentibus in directa linea, tam in morte quam in vita, secundum quosdam; in collateralibus vero est idem in morte; in vita secus, quia unus potest alteri totum dare vel transferre.

25. Consuetudo generalis qua mortuus saisit vivum, locum habet tam in directa linea quam in transversali, tam in mobilibus quam in immobilibus, taliter quod post mortem decedentis bona censentur succedentis et ejus partem respiciunt; et ideo si succedens clericus sit, bona censentur clerici, et gaudebunt privilegio clericorum concesso. Idem eciam per hoc ff. *de jure do.*, l. *si ego*, § *si res.*

Rubrique. — « Suivent quelques dispositions qui sont à pré-« sent du style de la cour; elles ne sont cependant pas admises « comme style du parlement, mais elles sont observées par la « cour comme étant de coutume. »

Bouteiller, dans sa *Somme rurale*, nous donne la clef de la distinction faite ici entre le style d'une cour et son usage. D'après lui, les us ou coutumes des procédures sont : 1º les règles notoirement usitées dans la cour, et que le juge a l'habitude de faire observer; 2º celles qui ont été constatées par jugement et confirmées sur appel; 3º celles qui ont été prescrites par ordonnance du souverain. La règle de style a un caractère plus impératif encore; c'est la règle tellement usuelle et tellement constante, que personne n'oserait la révoquer en doute. Bouteiller parle encore du Rit et de la commune Observance : le rit est la propension qui existe dans un pays à interpréter la loi dans un sens plutôt que dans un autre; telles étaient au quatorzième siècle certaines tendances judiciaires caractérisées par ces phrases proverbiales : « Il est accoutumé de porter armeures en Flandres plus qu'en France, » ou « en Henault plus de tuer hommes qu'en Artois. » Ce qui signifie seulement qu'en Flandre le duel judiciaire était plus qu'en France enraciné dans les mœurs, et que les lois pénales s'appliquaient plus sévèrement en Hainaut qu'en Artois.

Par la commune observance, on entendait les règles qu'avait

tracées à l'avance le juge ou son seigneur sur les détails de l'administration judiciaire : par exemple, la règle consistant à consacrer un jour de la semaine au jugement des causes civiles, et un autre aux procès criminels. (*Voy. la Somme rurale*, liv. I, ch. 2).

On sait, du reste, qu'il ne faut pas s'attacher trop strictement à ces définitions du moyen âge, et y chercher une grande rigueur dans les termes. L'incertitude qu'on y voit généralement régner se manifeste d'une manière assez curieuse dans l'art. 125 de la célèbre ordonnance de 1453, par lequel Charles VII prescrit la rédaction des coutumes de son royaume. Huit fois le roi se sert dans cet acte des trois mots « coutumes, usages et style, » et presque à chaque fois il a soin de ranger ces mots dans un ordre différent. Est-ce pour ne point paraître adopter une manière de parler particulière à telle province, et non à telle autre? N'est-ce pas plutôt pour indiquer que les mots : usage, style et coutumes, quant à leur importance relative, ne sont distingués que par de faibles nuances ?

Les expressions de la première ligne de notre texte doivent être remarquées. Elles semblent dire que l'auteur écrivait un certain temps après G. du Brueil ; que depuis ce dernier, des modifications étant survenues, on voulut, par la rédaction des *Aliqua de Stylo*, constater les altérations que le droit avait subies. Il faut tenir compte aussi des derniers mots de la phrase, où l'auteur déclare que ces modifications ne sont cependant point passées en style, probablement parce qu'elles n'ont pas encore été assez incontestablement admises.

Mais, avant tout, c'est une idée qui ne doit être oubliée en aucun endroit de cet article, qu'il y aurait souvent risque de se tromper à prendre trop à la lettre les expressions d'un texte dérobé à la plume d'un homme qui ne pensait sans doute guère à la publicité.

§. 1. « La coutume, dans la vicomté de Paris, est que, si « des immeubles sont vendus à réméré ou engagés pour plus de « neuf ans, les lods et ventes en sont dus au seigneur. Les lods « et ventes ne sont pas dus si la vente ou l'engagement sont faits « pour le temps que vivra quelqu'un, à cause de l'incertitude où « l'on est sur le temps que la vie de chacun doit durer. »

Ce premier article est l'un des plus intéressants de notre document ; mais il faut d'abord en bien fixer les termes. La vente *ultra novem annos* est une vente sous condition de rachat pen-

dant un délai de plus de neuf ans : cela ne nous paraît pas douteux. Quant aux mots *hereditagia pignorata*, on ne saurait mieux
les traduire que par ceux d'immeubles engagés ; car le contrat
auquel ils font allusion s'appelait, en plusieurs pays coutumiers,
contrat d'engage. Par ce contrat, le débiteur cédait à son créancier la possession d'un immeuble, pour compenser avec les
fruits de cet immeuble les intérêts, et subsidiairement le capital
de sa dette. En un mot, c'était notre antichrèse actuelle. Il est
donc établi par ce paragraphe que l'usage à Paris était de payer
les lods et ventes, c'est-à-dire les droits de mutation de propriété
roturière, lorsqu'on vendait un immeuble à réméré ou qu'on
l'engageait, pour plus de neuf ans ; mais qu'au contraire ces
droits ne se payaient pas lorsqu'on fixait pour délai du réméré
ou de l'engagement le temps que durerait la vie de quelqu'un.
Expliquons maintenant le sens de la disposition.

La pure et simple translation de propriété d'un immeuble
donnait ouverture aux droits de mutation en faveur de celui
dans la mouvance duquel l'immeuble était situé. Aussi, ven-
deurs et acheteurs étaient fort enclins à déguiser les contrats de
vente sous l'apparence de contrats analogues, dans le but de se
soustraire aux droits fiscaux. Un premier moyen pour atteindre
ce but était de faire une vente à pacte de rachat, une vente
par conséquent qui laissait planer l'incertitude sur la transmission
définitive de la propriété, et de convenir secrètement que le
vendeur n'exercerait jamais son droit de reprendre la chose ; ou
bien le vendeur s'entendait avec son acheteur pour feindre que
celui-ci fût son créancier, et pour l'investir comme tel de la
possession de l'immeuble à titre d'antichrèse. Dans les deux cas
l'acheteur acquérait un droit réel sur la chose, un droit qui
lui assurait les avantages de la propriété, tant à l'égard de son
vendeur qu'à l'égard des tiers, et le seigneur y perdait le bé-
néfice des lods et ventes. Notre document montre qu'au temps
où il fut rédigé, la coutume, dans le ressort du parlement de
Paris, ne tolérait pas ces fraudes, et assimilait à des ventes, quant
à la perception des droits seigneuriaux, les contrats d'antichrèse ou de vente à réméré conclus pour plus de neuf ans. Il
en était de même en beaucoup d'autres lieux du royaume,
où l'on continua longtemps à suivre la règle favorable aux
droits des seigneurs ; ainsi elle se conserva dans les coutumes de Bretagne, où on lit ces mots : « En contrat d'en-

2

gage qui ne passe neuf ans, ventes ne sont dues (1) » ; dans celles de Laon (art. 191), de Châlons (art. 192), de Reims (art 90), du Maine (art. 178), d'Anjou (art. 161). Dans d'autres coutumes, la disposition est la même ; mais on a fixé un autre délai (2). Bien différent par ses effets et de la condition de ré-méré qui peut ne jamais être accompli, et de la constitution d'un gage qui peut ne plus sortir des mains du créancier, le terme fixé à l'époque de la mort, *ad vitam alicujus*, doit cer-tainement arriver ; seulement on ne sait pas précisément à quelle époque ce sera. L'incertitude où l'on était sur l'événement du terme excluait donc de la convention qui lui était subordonnée, l'idée qu'elle pouvait être entachée d'une fraude analogue à celles dont nous venons de parler.

Tel est le point de droit contenu dans le premier article de notre document. C'est par son côté historique qu'il offre de l'in-térêt. En effet, aucune trace de ce principe n'existait plus dans les usages de Paris dès le commencement du seizième siècle. Les commentateurs qui consacrèrent à cette époque tant de science à l'interprétation de la coutume de Paris, ne le connaissaient point. Dumoulin, Chopin, Brodeau et Charondas le Caron, écrivains fort curieux des antiquités du droit français, n'en ont point parlé. Dans ses commentaires sur la même coutume, Cha-rondas nous apprend que le silence de la loi coutumière à cet égard était, de son temps, c'est-à-dire dans la seconde moitié du seizième siècle, un fréquent sujet de difficultés. « J'ai veu souvent disputer, dit-il, si d'héritage baillé en engagement sont deubs lods et ventes ; je ne répéterai les diverses opinions de ceux qui en ont traicté : seulement je déclareray la mienne (3) ».

---

(1) Art. 55 de l'ancienne coutume, celle de 1539 ; il est reproduit dans les articles 64 à 66 de la coutume de 1580, et se trouve déjà au chapitre 298 de la très-ancienne coutume de Bretagne, qui passe pour avoir été écrite vers l'année 1330. Voyez encore une ordonnance rendue en 1315 par le duc de Bretagne Jean III, et où il est dit (art. 12) : « Vne ferme qui passe neuf ans accuelt ventes » (cit. par P. Hévin, page 232 de son *Commentaire sur la coutume de Bretagne*, édit. de Poullain du Parc, 1741, 3 vol. in-4°).

(2) Voyez, dans le Coutumier général de Bourdot de Richebourg, l'opuscule du trei-zième siècle, intitulé : Li droict et les coustumes de Champaigne, art. 4 ; les coutumes de Sedan (56, 57) ; de Vitry (22, 32, 33) ; de Meaux (172) ; de Montargis (II, 43) ; de Ni-vernois (IV, 32) ; d'Agen (20) ; de la Marche (120) ; d'Auvergne (XVI, 19, 20). Voy. enfin l'édit et ordonnance de la ville de Genève du 29 janvier 1568, tit. XIX.

(3) Charond. le Car., cout. de Paris, part. I, feuillets 131 et 132.

En effet, il traite aussi la question, mais au point de vue purement théorique. Chopin fait de même (1). Quant aux arrêts, il en avait été rendu en faveur de ceux qui appuyaient la légitimité de la perception des lods et ventes dans ce cas douteux, aussi bien qu'en faveur de ceux qui maintenaient l'opinion contraire. Mais magistrats, commentateurs, arrêtistes, au seizième siècle, tous ignoraient l'argument qu'on aurait pu tirer pour décider la question, de ce qui se pratiquait deux cents ans auparavant. Déjà, dans les décisions de Jean Desmares, qui sont de la seconde moitié du quatorzième siècle, et dont l'une porte la date de 1363, le principe indiqué dans notre manuscrit était oublié (2) ; ce qui, pour le dire en passant, est une suffisante raison de croire notre fragment notablement antérieur à ces décisions, et, par conséquent, composé à une époque peu éloignée du temps où vivait Guillaume du Brueil (3).

§ 2. « Le legs ou la donation fait en faveur d'un enfant qui est en « la garde du survivant de ses père et mère, sans que le donateur « ait indiqué l'emploi qu'il veut être fait de sa libéralité, devient « la propriété du gardien. Il en était autrement en droit romain, « où le montant de semblables libéralités tombait dans ce qu'on « appelait le pécule adventice du fils de famille, et lui demeu- « rait propre, lors même qu'il était sous la puissance de son « père. »

Cette disposition du droit coutumier avait son origine dans la force du pouvoir paternel, et s'exécutait sans difficulté quand le père et la mère vivaient encore. C'est ce qu'explique l'auteur du *Grand Coutumier de Charles VI* (livre II, tit. 40, page 264, édition de Char. le Caron), en ces termes : « Tous les conquests qu'enfans demeurans sous la puissance de leurs père et mère, c'est à savoir avec eux et sans émancipation, font, sont ausdits père et mère. Un legs ou don qui est fait à mon enfant vient à mon profit, au cas toutefois que le don ou legs ne seroit causé, comme de dire : Pour apprendre à l'école ou pour le marier, etc. Et encore si la cause cessoit, le don ou legs reviendroit à moi. » Mais quand le père ou la mère était décédé, celui des deux qui survivait conservait-il le même privilége ? Notre paragraphe montre qu'à Paris et dans les pays voisins telle était la coutume.

(1) De moribus Parisiorum, lib. I, tit. 3, § 12.
(2) Voy. la décision 200e.
(3) Voy. sur le même sujet les *Notables*, § 28.

2.

Seulement Charondas fait, sur le passage que nous venons de citer, l'observation suivante : « Ce qu'il dict (l'auteur du *Grand Coutumier*) que le laiz ou don faict à l'enfant de famille s'acquiert au père ou à la mère n'a lieu (*n'a plus lieu*, aurait dû dire Charondas) à Paris ny en plusieurs autres provinces de la France, parceque si avant ne s'estend la puissance paternelle : toutesfois s'il meurt sans enfant, le père et la mère lui succéderont en tel acquest. » Charondas montre ainsi qu'au seizième siècle, l'usage avait changé. Cependant il existait encore au temps de Jean Desmares (Décis. 248). On en voit des applications remarquables dans diverses sentences du *Parloir aux Bourgeois*, des années 1293 et 1294, et dans un arrêt rendu par le Parlement de Paris, en 1268. (Voy. les *Olim* pub. par M. Beugnot, tom. I, pag. 716, § vii, et les *Notables*, § 32).

C'est un usage qui paraît, au premier abord, d'une rigueur extrême. Mais il faut observer que la chose ainsi tombée au pouvoir du père survivant, ou de la mère, n'était pas soumise entre leurs mains à un droit de pleine et entière propriété. C'est ce que Beaumanoir semble indiquer, en disant qu'en pareil cas l'enfant « fait compagnie », c'est-à-dire société de biens, avec son père ou sa mère. (Voy. *Cout. de Beauv.*, ch. XV, § 31). M. Pardessus pense que, dans les temps anciens de notre législation, chez les Francs, la propriété était transportée des enfants mineurs au père, parce que la propriété était un droit viril qui ne pouvait être exercé que par des personnes *sui juris*. Le même auteur ajoute que la raison pour laquelle les Francs n'avaient pas formellement restreint à l'usufruit le droit du père, est qu'ils n'avaient pas encore d'idée nette de la distinction entre l'usufruit et la propriété, et qu'ils s'étaient rapprochés, autant que possible, de ce résultat, en interdisant au père l'aliénation, soit gratuite, soit à titre onéreux, des biens qu'on lui livrait ainsi pendant l'incapacité momentanée de son enfant. (Voy. les *Diss. sur le droit privé des Francs*, par M. Pardessus, à la suite de l'édit. de la loi salique, page 457.)

A cette époque ancienne, la femme était aussi incapable que ses enfants ; mais sa capacité s'étendit plus tard.

§ 3. « Les héritiers peuvent requérir contre l'exécuteur tes-« tamentaire que le testament leur soit livré, et qu'on leur en « confie l'exécution; ce qu'ils obtiendront en donnant caution « d'accomplir les volontés du défunt. »

La question des exécuteurs testamentaires a beaucoup préoccupé nos anciens jurisconsultes. On avait attribué au clergé la surveillance des exécutions testamentaires, et il était admis, dès le XIIe siècle, que l'évêque pût nommer un exécuteur du testament, quand le testateur ne l'avait pas nommé lui-même. C'était un usage bien contraire à l'esprit du droit coutumier, qui n'a jamais vu les testaments avec faveur. En outre, le legs de piété était tellement dans les idées et les mœurs du moyen âge, qu'on le déclarait valable lors même qu'il n'avait été fait que verbalement; et, il est juste de l'ajouter, ce résultat singulier était probablement moins l'œuvre des prêtres que celle de l'opinion publique; on avait vu là un moyen de sauver le défunt et sa famille de l'indignation qui s'élevait dans le monde contre ceux qui mouraient sans enrichir l'Église. Le droit romain cependant s'accordait avec le droit coutumier pour être contraire à ce dernier usage, car un legs, d'après les lois du Bas-Empire, n'avait d'existence que par l'écriture; mais c'était l'Église elle-même qui, s'étant attribué la connaissance des questions de validité des testaments, était chargée d'apprécier le mérite de cette jurisprudence. On alla plus loin : les seigneurs mirent à profit la rigueur de l'opinion pour s'adjuger les biens meubles de ceux qui mouraient sans faire de legs pieux, en les considérant « comme des desespérez et des gens qui s'étoient (spirituellement) tuez eux-mêmes. » Ils allèrent jusqu'à étendre ces confiscations aux successions des malheureux frappés de mort subite. Enfin, de l'idée que personne ne devait vouloir mourir sans avoir l'Église au nombre de ses légataires, et qu'on pouvait confier verbalement à un autre l'accomplissement de libéralités pieuses, on tira cette conséquence que, quand quelqu'un mourait subitement, l'évêque du diocèse, ou les parents du défunt sous la surveillance épiscopale, devaient tester pour lui. De Laurière, de qui sont extraits ces curieux détails (*Glossaire du dr. fr.*, v° Exécuteurs), en cite un exemple de l'année 1261. Ainsi les évêques en étaient venus à faire eux-mêmes les testaments des gens décédés intestats, dans le même temps qu'ils déclaraient indignes des sacrements et de la sépulture chrétienne, ceux qui décédaient sans tester, ou qui testaient sans faire de legs pieux. On voit, dès le commencement du quinzième siècle, l'autorité laïque s'opposer expressément à l'exercice de ce droit dont s'étaient emparés les évêques. De Laurière cite encore un arrêt du 19 mars

1409, par lequel le parlement de Paris déclare, malgré l'opposition de l'évêque d'Amiens, qu'à Abbeville les héritiers ne pourront être contraints d'obéir aux ordonnances faites par les officiers dudit évêque, ou par lui-même, touchant les testaments des intestats; « mais les pourra ledit évêque admonester charitablement qu'ils fassent bien pour l'âme dudit intestat. » — C'est dans le courant du seizième siècle que les évêques perdirent entièrement leur juridiction sur les causes relatives aux testaments et à leur exécution.

Les legs de dévotion se rencontrant ainsi dans tous les testaments, et souvent pour des valeurs énormes, l'office des exécuteurs testamentaires acquit pendant le moyen âge une importance qu'il n'avait pas dans le droit romain, et qu'il n'a plus chez nous. L'exécuteur testamentaire était presque un magistrat privé, que le testateur nommait pour tenir la main, malgré les oppositions suscitées par les héritiers, à l'exécution de ses dernières volontés. Il était, dans la plupart des coutumes, investi de plein droit, durant un an et un jour, de la saisine des biens meubles que le défunt avait laissés, saisine de droit d'un effet bien puissant, puisqu'elle arrêtait celle de l'héritier, sans doute parce qu'elle avait sur celle-ci l'avantage de l'antériorité (Voy. Klimrath, *De la saisine*, t. II, p. 351, de ses Œuvres). Il s'était même manifesté, vers la fin du treizième siècle, quelque tendance à insérer de style, dans les testaments, une clause par laquelle le testateur déclarait investir de tous ses biens l'exécuteur testamentaire, et ne s'en réserver que la simple possession. On cite le testament de Jeanne de Châtillon, comtesse de Blois, rédigé en 1291, comme le premier qui en fournisse l'exemple (Voy. de Laurière, *sur la Cout. de Paris*, t. II, p. 431, et la Thaumassière, *Cout. de Berri*). Toutefois, cette tendance ne prévalut pas, et l'usage demeura de n'accorder à l'exécuteur que la saisine des meubles pendant l'an et jour. Tel est le principe des Coutumes de Paris de 1510 (art. 95) et de 1580 (art. 297). Notre paragraphe montrerait, s'il en était besoin, que vers le milieu du quatorzième siècle les exécuteurs avaient la saisine; mais, plus équitable que les nouvelles coutumes, il accorde à l'héritier le droit de les écarter, en donnant caution d'exécuter lui-même le testament. (Voy. les *Notables*, § 97.)

§ 4. « Dans la ville de Paris, personne ne peut acquérir sur son voisin de servitude de conduite d'eau, de passage, ni d'é-

« gout, sans titre, et par la seule prescription, si longue qu'elle
« soit. Il faut, suivant la coutume, avoir un droit constitué par
« titre. La prescription, même immémoriale, est insuffisante, sui-
« vant quelques-uns. Cependant cela est contraire au droit romain,
« où celui qui a un juste titre, et qui est de bonne foi, peut pres-
« crire, savoir : par le laps de dix ans, lorsque le propriétaire est
« présent, et de vingt, s'il est absent. En droit romain, on est
« présent ou absent, suivant qu'on est ou non dans la même
« province : d'après la coutume, la présence et l'absence se di-
« sent relativement aux évêchés et diocèses, suivant quelques-
« uns; suivant d'autres relativement aux bailliages et sénéchaus-
« sées. »

« Dans la ville. » On ne dit pas ici comme au § 1 : *In viceco-*
mitatu, ni comme au § 5, *in prepositura*, mais bien *in villa*
Parisiensi. Les coutumes du seizième siècle étendirent cette
disposition (voyez celle de 1510, art. 80, combiné avec 87, et
celle de 1580, art. 186); et des coutumes du seizième siècle,
la règle a passé dans l'article 691 du Code civil (Voy. aussi les
Cout. not. du Châtelet, n⁰ˢ 8, 78 et 156, et J. Desmares, *Dé-*
cis. 387).

La manière dont cet alinéa est rédigé, montre que son auteur
n'était nullement étranger à la grande question qui divisait les anciens jurisconsultes, celle de savoir si, d'après les principes du droit
romain, une servitude pouvait ou non s'acquérir sans titre ni
bonne foi (Voy., sur ce sujet, Pothier, *Pandectæ Justinianeæ*,
lib. VIII, tit. I, n° 24, note *h*).

§ 5. « Dans la prévôté de Paris et son ressort, aucun sergent à
« cheval de ladite prévôté ne peut faire d'exécution ni d'arrêt
« sur la terre d'un haut justicier, par lui-même, et sans l'as-
« sistance de la justice dudit haut justicier. Telle est la coutu-
« me. Et cela ne doit pas s'entendre des simples sergents à verge,
« parce que ceux-là ne peuvent rien faire hors des ville et ban-
« lieue de Paris. Mais les uns et les autres peuvent bien faire un
« ajournement ou autres actes semblables. »

§ 6. « Il en serait de même, à bien plus forte raison, si c'était
« le sergent royal d'une autre prévôté ou d'un bailliage; et c'est un
« usage général que, dans la terre d'un haut justicier, en quelque
« pays qu'elle soit, aucun sergent du roi ni d'un autre ne peut
« faire un exploit qui contienne exécution ou arrêt, si ce n'est en
« vertu d'une commission donnée expressément pour ce cas par-

« ticulier par le seigneur, et à condition d'agir assisté de la jus-
« tice du lieu. »

La règle connue, que consacrent ces deux paragraphes, se retrouve dans un article des Décisions de J. Desmares. « Qui veut
faire adjorner deuement et vallablement le hoste et subgiet de
aucun seigneur en qui justice chiet, il faut de nécessité que l'adjornement se fasse par le seigneur sous qui celuy que l'on veut
adjorner est demourant ; et se le sergent au souverain le roi fet
l'adjornement, [il faut] a tout le mens que la justice du lieu soit
appelée à ce, autrement ne vaut riens » (Décis. 329). Dans la
comparaison de cette phrase avec les deux paragraphes pré-
cédents, on voit encore un indice de l'antériorité de ces derniers. Le rédacteur de notre fragment pose la règle d'une manière absolue ; Desmares semble plus accorder au sergent du
roi qu'aux autres : on sent à ses paroles que la coutume tend à
fléchir.

Il paraît, d'après un édit du roi Jean (voy. *Ordonn. des rois
de Fr.*, t. III, p. 382), que Philippe-Auguste avait réglé les
fonctions des sergents royaux, et leur avait déjà défendu (ou
plutôt avait confirmé le principe qui, de toute ancienneté, leur
défendait) d'instrumenter sur les domaines des seigneurs hauts
justiciers. Le roi Jean, par l'édit dont nous venons de parler,
lequel est du 3 janvier 1360, renouvela cette disposition, que
maintes ordonnances de divers autres rois ont également confirmée. D'après M. Secousse (*Ordonn. des rois de Fr.*, ubi suprà),
ces lettres de Philippe-Auguste sont perdues, et la plus ancienne
ordonnance que l'on connaisse sur l'organisation des sergents
royaux est celle que publia Philippe le Bel en 1290 (Voy. *Ordonn. des rois de Fr.*, t. I, p. 319, art. 12).

On a plusieurs arrêts qui confirment aussi l'injonction si formellement adressée aux sergents. L'avocat Jean Chenu (dans
son *Recueil de Règlements notables*, p. 499, in-4°, 1606) en cite
quelques-uns qui furent rendus au seizième siècle, et il ajoute:
« La raison de cela est que telles justices (les justices hautes)
sont, en France, patrimoniales aux seigneurs, lesquelles leur
ayant été données par les roys, par mesme moyen le pouvoir de
créer des sergents pour exécuter les mandements de leurs
juges. »

La punition ordinaire infligée au sergent qui enfreignait la
règle, était la condamnation à l'amende arbitraire envers le sei-

gneur dont il avait méconnu le privilége, et envers la partie à laquelle il avait à tort signifié son exploit. Le parlement rendit un arrêt, le 1er février 1545, dans un procès fondé sur ce qu'un sergent royal ayant assigné le sujet d'un seigneur haut justicier, sans la permission du juge seigneurial du lieu, ce juge avait fait saisir le cheval du sergent, et refusait de le rendre, quelques excuses et quelques protestations d'involontaire erreur que le délinquant lui eût faites. La sentence du juge seigneurial ne fut cassée, par le parlement, que sur bonne preuve que le sergent avait agi ignorant réellement l'existence d'un juge de haute justice dans le lieu où il avait exploité, et que, l'ayant apprise, il avait incontinent fait ses excuses au juge et retiré son ajournement (Voy. la *Practique judiciaire*, par Jean Imbert, édit. de Genève, in-4°, 1625, liv. I, c. 1, § 14). Et il faut ajouter, ce nous semble, qu'encore le parlement prononça dans cette occasion plutôt en équité qu'en droit.

Cependant la règle ne tarda pas à changer. Un procureur au parlement de Paris, nommé Philib. Boyer, publia, en 1582, un volume de *Décisions de pratique*, où il s'exprime ainsi (page 2) sur la question qui nous occupe : « Anciennement la court de parlement recevoit ceux qui estoient appellans des exploits faits hors territoire, et disoit qu'il avoit esté mal exploité et procédé par le sergent, bien appellé par l'appellant et l'inthimé condamné ès despens de la cause d'appel : mais depuis peu de temps en ça, elle a changé de style, et a condamné tels appellans en l'amende, à bonne raison : parce que la partie n'a aucun intérest par quel sergent il soit adjourné, pourveu que suyvant l'ordonnance le sergent laisse copie de son exploit, et mette la response qui lui sera faicte par escrit en sondit exploit. Joinct qu'il y a déclaration du roy Charles neufiesme, par laquelle il donne pouvoir et puissance aux sergents royaux d'exploicter par tout le royaume sans demander *placet, visa, ne pareatis*. »

Notre § 5 se sert du mot *cliens* pour dire sergent. *Cliens* avec ce sens est rare dans le style pratique; cependant on le voit employé, à Paris même, dans un titre de l'année 1453, cité par la *Biblioth. de l'Éc. des Chartes*, Ire série, t. V, p. 480, note, et p. 482).

Nous terminerons sur ce point en renvoyant aux §§ 88 et 119 des *Notables*, et en indiquant un arrêt de l'année 1287, ainsi conçu : *Preceptum fuit preposito parisiensi ut effrengtam multitudinem ser-*

*vientum suorum reducat ad certum numerum, videlicet pedites
ad LXX et equies ad ttriginta quinque* (*Olim*, t. II, p. 272, § 21).

L'*effrénée multiplicité* des sergents et huissiers a été souvent
l'objet de mesures répressives.

§ 7. « Le bourgeois qui, après la mort de son conjoint, a la garde
« des enfants, ne fait pas siens les fruits du bien de ceux-ci, et
« aussi ne paye pas leurs dettes. Mais les nobles ont le bail de leurs
« enfants ; ils en payent les dettes et ils en touchent les créances;
« les fruits des biens de ces enfants sont pour eux , et ils n'ont
« d'autre obligation que de faire qu'arrivés à leur majorité, les
« enfants trouvent leurs dettes payées et leurs biens en bon état.
« Mais les autres [c'est-à-dire ceux qui ne sont pas nobles, les
« bourgeois] sont tenus, à la majorité de leurs enfants, de leur
« rendre compte des revenus et de tout le reste. Il y en a cepen-
« dant qui disent que, noble ou non, si on se trouve, à raison
« de la garde, détenteur de quelque fief, on doit rendre la garde
« quitte et franche ; et cela par la raison qu'en ce qui concerne
« les fiefs [il faut suivre la règle du statut réel]. »

Cette distinction de sens entre les mots garde et bail avait
disparu de la Coutume de Paris au seizième siècle. Elle était ancienne, et se trouve dans Beaumanoir, qui dit au chapitre XV de
ses Coutumes de Beauvoisis : « En vilenage n'a point de bail ;...
li plus prochains du lignage as enfans pot , se il veut, avoir la
garde (§ 7). » Et plus loin (§ 10) : « Il a plusors différences entre
bail et garde. La première si est que bail rend quite et délivre
l'éritage à l'enfant , et garde doit rendre conte quant ele est de
vilenage ; car il ne doit estre de fief nule garde. » A une époque
qui, relativement, est récente, la garde s'appelait ainsi lorsqu'elle était exercée par un parent en ligne directe , et bail
lorsqu'elle appartenait à un collatéral. (Voy. de Laurière , sur
la Cout. de Paris , t. II, p. 291.)

L'origine du droit de garde tient à celle des fiefs. Un grave
obstacle s'opposait à ce que les fiefs devinssent héréditaires : c'est
que lorsqu'ils tombaient dans les biens d'enfants mineurs, c'é-
taient des fiefs qui ne rendaient pas au seigneur le service qu'il
en devait attendre. L'usage s'établit , pour obvier à cet inconvénient, que le seigneur réunît le fief du mineur au sien, et en
perçût les produits pendant la durée de la minorité , ou qu'il le
confiât, pour être desservi au nom du mineur, à un parent de
celui-ci , c'est-à-dire à un gardien ou bailliste. Le gardien entrait

en la foi et hommage du seigneur, remplissait le service militaire et payait les droits seigneuriaux. En compensation, il percevait et gardait tous les produits du fief. Et pour indemniser le mineur de la perte des fruits, le bailliste était tenu de l'élever selon sa condition, de l'entretenir, de payer ses dettes, et de faire les réparations nécessaires pour tenir le fief en bon état, jusqu'à ce que le mineur eût atteint sa majorité. Tels étaient les premiers principes du droit de garde, qui n'étant pas sans danger pour la fortune du mineur, entraînèrent des abus, et subirent par suite des modifications. Des fiefs, la garde s'étendit avec le temps aux immeubles roturiers et aux meubles, et c'était, disent les auteurs, un véritable pillage que les mineurs avaient à supporter de leurs collatéraux ; aussi on en vint presque partout à écarter de la garde les parents de ligne collatérale. Afin que les gardiens ne pussent se soustraire à l'obligation de payer les dettes du mineur, on obligea les créanciers (à moins d'absence) à poursuivre contre eux le payement, sous peine de perdre leurs créances ; et pour avertir les créanciers, on rendit la garde publique, en imposant à celui qui la voulait avoir l'obligation de la demander en justice, en allant, assisté d'un procureur, devant le juge à l'audience, pour requérir acte de l'acceptation : c'est une règle qui fut suivie jusqu'aux derniers temps de l'ancienne jurisprudence. Enfin, on empêcha le seigneur d'exercer la saisie féodale sur le fief d'un mineur faute de foi et hommage, et l'on établit que le survivant des père et mère qui jouissait du droit de garde, le perdrait dans le cas où il se remarierait.

On a, dans les *Accords* du parlement de Paris, un exemple curieux du caractère lucratif de l'office de gardien. Plusieurs personnes, qui prétendaient toutes concurremment à la garde d'un mineur, s'accordent à l'exercer chacune à son tour, en attendant que la justice décide entre elles. Le fait est tiré des *Extraits des rouleaux du Parlement*, faits par l'avocat Meslé (1) :

---

(1) Ces extraits, rangés par ordre chronologique et accompagnés de notes rédigées au point de vue du droit et de l'histoire par M. Meslé, avocat instruit, qui vivait au milieu du dernier siècle, remplissent cinq cartons (cotés $\frac{M}{RP}$) que l'on conserve au département des manuscrits de la Bibliothèque royale. On peut consulter, sur les rouleaux du Parlement et sur le travail de Meslé, une notice excellente insérée par M. Beugnot dans son édition des *Olim*, t. I, *notes*, p. 995 à 1000.

« 18 novembre 1334. Accordé est entre Pierre de Cremaux et Jacques de Marchières, à cause de sa femme d'une part, et maistre Pierre de Hangest, Raoul de Hangest, exécuteurs du testament de deffunte Agnès de Hangest et Jehan Malchevalier, pour li et pour sa sœur, enfans de ladite feue Agnès d'autre part, pour raison de la garde ou bail de Jehanne la Caronne, soubs-agiée sœur audit Pierre de Cremaus et à la femme dudit Jaques, que ledit Jean Malchevalier pour li et pour sa sœur aura la garde de ladite Jehanne jusques à Noël prochain venant, et lesdits Pierre et Jaques depuis ledit Noël en auront la garde jusques à caresme prenant. Les parties se sousmettent à l'ordenance de maistre Jaques le Vache, advocat au parlement, et dudit maistre Pierre de Hangest pour en ordenner dedans les brandons, sous peine de 100 livres parisis contre la partie désobéissante à leur ordonnance (1) ». On peut voir encore sur cette matière un arrêt rendu par le parlement en 1277, et dont la mention se trouve dans les *Olim* (t. II, p. 94, § XXIX) (2).

Les effets du droit de bail et de garde existent encore, à quelques modifications près, dans le droit de jouissance légale accordé par notre Code civil au père (ou après la dissolution du mariage, au survivant des père et mère), sur les biens des enfants, jusqu'à ce que les enfants aient atteint l'âge de dix-huit ans (Code civil, art. 384 à 387). Le droit de garde était une conséquence logique de l'organisation des fiefs, et le droit d'usufruit légal n'est qu'une faveur bénévolement accordée aux parents par la loi, comme un juste retour des dépenses qu'ils font pour élever leur famille ; mais c'est par tradition de l'idée du premier de ces droits que le Code civil a établi le second.

Le paragraphe dont nous nous occupons en ce moment nous est très-utile pour savoir la date qu'on doit approximativement donner à notre fragment ; il prouve que cette date est au moins antérieure à l'an 1371. Ceux qui ont la garde bourgeoise, dit-il, n'ont pas droit aux fruits et revenus des biens de l'enfant qu'ils ont en garde. Telle était, en effet, la règle commune du droit

(1) A cet article, M. Meslé a ajouté la note suivante :
« Le différent était pour la garde de Jehanne la Caronne, mineure sœur de Pierre de Cremaux. Comme le nom de famille étoit différent, il y a apparence qu'elle étoit sœur utérine, et que les parties étoient enfans de différens mariages d'Agnès de Hangest. Maître Jaques le Vache, advocat, fut depuis président en parlement. »
(2) Compar. avec ce paragraphe le 113e des *Notables*.

coutumier, règle qu'on suivait dans l'origine à Paris comme ailleurs ; mais en 1371 elle fut abolie par Charles V, dont les Parisiens obtinrent, le 9 août de la même année, des lettres qui leur accordaient le droit de jouir, comme s'ils fussent nobles, des bénéfices de la garde noble de leurs enfants. Et encore pense-t-on que par ces lettres Charles V n'introduisit pas un droit nouveau, mais confirma seulement une concession qui avait été déjà faite aux bourgeois de Paris. (Voyez sur ce point les commentateurs de la Coutume de Paris, art. 266, particulièrement Charondas le Caron, f° 112, r°). Notre fragment ne disant mot de ce changement, doit être considéré comme antérieur, pour le moins, au mois d'août 1371. Et il est certainement plus ancien que le *Grand Coutumier de France*, qui passe pour rédigé sous Charles VI, et qui, sur le point dont nous nous occupons, s'exprime ainsi (liv. II, ch. 41) : « Par l'usage et coustume notoire gardée et observée en la ville et banlieue de Paris, le survivant de deux conjoints par mariage, soyent-ils gens de poste, ont la garde de leurs enfants et font les fruicts siens de leur héritage, s'il leur plaist, en les nourrissant, *tout ainsi comme il est accoustumé entre les nobles.* »

§ 8. « Entre nobles, le survivant des époux doit aussi avoir « la propriété de tous les meubles et ce qui lui revient des con-« quêts ; en conséquence, il est tenu de payer tous les créanciers, « et les créances actives lui appartiennent, le tout à moins que ce « survivant ne renonce auxdits meubles, car par là il évitera les « poursuites des créanciers, et ne prendra point part aux droits « actifs ; du moins, telle est la coutume de plusieurs lieux. Mais « en droit romain (1), les dettes et les créances se divisent entre « les héritiers en raison de leurs parts héréditaires. »

Nous venons de voir le droit exercé à Paris par les gens nobles, en vertu duquel lorsqu'un des deux époux décédait, le survivant prenait la garde des enfants et jouissait du produit de leurs biens, moyennant le payement de leurs dettes et les charges ordinaires de l'usufruit. Ici nous trouvons un autre droit concédé aux mêmes personnes, celui de succéder, lors de la dissolution du mariage, à la moitié des conquêts immeubles et à tous les meubles qu'avait la communauté, en payant la moitié des dettes. C'est une disposition particulière, dont il ne reste plus trace

_____

(1) Dig. ff. 35 et 61, de hæredib. instituendis.—Code civil, art. 873 et 1220.

aujourd'hui, mais qu'avaient sanctionnée la Coutume parisienne
de 1510 (art. 116 et 131) et celle de 1580. (Voyez aussi les
Cout. not. du Châtelet, n° 139). Cette dernière s'exprimait ainsi
dans son article 238 : « Quand l'un des deux conjoints nobles,
demeurans tant en la ville de Paris que dehors, et vivans noble-
ment, va de vie à trepas, il est en la faculté du survivant de
prendre et accepter les meubles estans hors la ville et fauxbourgs
de Paris, sans fraude : auquel cas il est tenu payer les debtes
mobiliaires et les obsèques et funérailles d'iceluy trespassé selon
sa qualité, pourvu qu'il n'y ait enfans. Et s'il y a enfans, par-
tissent par moitié. »

Cet usage, contraire à la coutume générale (voy. ci-après le
texte du § 15, *ad' finem*), était apparemment motivé par l'intérèt
d'affection qu'avait l'époux survivant à conserver la propriété
des meubles qu'il avait possédés en commun avec son conjoint,
par le peu de valeur qu'avaient au moyen âge et les meubles et
les dettes mobilières, et par le peu d'importance qu'on y atta-
chait (1). Cependant, les rédacteurs de l'an 1510, et à plus forte
raison ceux de 1580, n'étaient plus tout à fait du même avis, en
ce dernier point, que l'auteur de notre fragment ; il semblerait
que, dans l'intervalle de l'un aux autres, les meubles aient notablement grandi en importance. En effet, les coutumes du seizième siècle restreignirent le droit sur les meubles accordé au
survivant des époux, aux meubles « estans en la prévosté et vicomté de Paris, hors la ville et fauxbourgs de Paris. » Sur quoi
Dumoulin écrivit cette remarque : « Quia habitantes extra ur-
bem non solent habere tot mobilia, nec est tantum periculi ut de
habitantibus in urbe. »

Les coutumes de 1510 et de 1580 prennent grand soin toutes
deux d'ajouter que ce droit du survivant des père et mère ne
s'exercera que s'il n'a pas d'enfants du mariage, et que s'il en a,
il partagera par moitié avec eux. Cela montre bien que c'était là
une faveur accordée à l'affection particulière que ces diverses
personnes pouvaient avoir pour leurs meubles de famille, puisqu'on permettait aux enfants seuls, et non aux autres héritiers,

---

(1) « J'ay observé en l'ancien Practicien que j'ay, escrit à la main, dit Charondas,
que le droict de prendre par le noble survivant les meubles, fut octroyé aux nobles de
Paris, pour bons services qu'ils firent au roy de leurs personnes, à l'exemple des nobles
de Picardie et autres, estans plus souvent aux guerres. » (Coust. de Paris, part. II,
f° 88, v°.) Cette opinion aurait besoin d'une preuve.

de les disputer au père ou à la mère. On ne voit pas dans notre paragraphe cette limitation apportée au droit du survivant, qu'il n'existât point d'enfant ; d'où il faut conclure qu'elle n'était pas encore introduite lorsqu'on rédigea les *Aliqua de stillo curie*.

§ 9. « Celui des deux époux qui survit à l'autre n'est jamais « tenu de prendre la garde ou le bail de ses enfants ni d'autres « personnes de sa race, s'il ne lui plaît ; cela est surtout certain « dans la Coutume de Champagne. »

Disposition sur laquelle il n'y a rien à remarquer, si ce n'est que nous ne voyons pas dans la Coutume de Champagne, ni dans les textes antérieurs qu'on a conservés de cette Coutume, la particularité à laquelle l'auteur veut ici faire allusion. Cette règle est conservée dans les Coutumes de 1510 (99 et 101) et de 1580 (265), par ces mots : « Il est *loisible* aux père et mère », etc.

§ 10. « Le seigneur ayant château et ressort peut, pour son « ressort, faire un procureur sous son scel ; cette procuration sera « valable parce que les sceaux des barons, surtout de ceux qui ont « la haute justice, sont authentiques, et font pleinement foi sans « inscription de témoins ; c'est une règle observée principalement « dans le duché de Normandie. »

On aurait de la peine à trouver un meilleur commentaire de ce paragraphe que la citation suivante, empruntée à la *Pratique de Masuer* (tit. IV, § 3) : « Le seigneur , ayant seigneurie et juridiction au pays de droit escrit , peut valablement constituer procureur par procuration scellée de son sceau : comme aussi les couvens, colléges et communautez, qui ont consuls et sceau propre et particulier. Mais les autres communautez qui n'en ont point ne se peuvent assembler, ny constituer un procureur, sans le congé et licence du seigneur, ou du juge ordinaire, ou bien du seneschal, si la cause estoit pendante par-devant luy. »

D'après notre texte , il faut étendre sur un point ces paroles de Masuer, qui écrivait au seizième siècle, et les restreindre sur un autre. Il faut dire que la règle énoncée dans ce paragraphe était applicable aux pays coutumiers aussi bien qu'aux pays de droit écrit, mais qu'au quatorzième siècle la faculté de constituer un procureur sous son propre sceau était réservée aux seigneurs châtelains et hauts justiciers. (Voy. aussi les *Notables*, § 124).

§ 11. « La coutume , suivant quelques-uns , est que le mari « commettant un délit n'encourt pas seulement la perte de ses

« propres héritages, mais aussi celle de ses meubles et de tous les
« conquêts communs entre lui et sa femme. La raison de cela est
« qu'il est le maître de ces biens-là, qu'il peut les vendre ou en
« aliéner une partie, même malgré sa femme. Mais il ne peut per-
« dre ainsi les propres de sa femme, car il ne lui est pas permis de
« les vendre ni de les aliéner ; il n'en a pas le droit, quand bien
« même elle y consentirait. »

On voit, aux premiers mots de cet article, que la disposition
par laquelle il commence était controversée. Cette disposition,
du reste, est ancienne. On en trouve une confirmation donnée
par le parlement de Paris, dans les requêtes de l'an 1255. (Voy.
les *Olim*, publ. par M. Beugnot, t. I, p. 5, § IX). Les Coutumes
de Paris du seizième siècle se taisent sur ce point ; mais la jurisprudence des derniers temps était très-arrêtée, et décidait dans
le même sens. (Voy. Argou, *Instit. au dr. fr.*, édit. de 1753, II,
33). Enfin, le principe a été écrit dans l'art. 1424 du Code civil,
qui l'a complété, en ajoutant que récompense est due à la femme
des biens enlevés à la communauté par suite du délit de son
mari.

Quant à la défense faite au mari d'aliéner les propres de sa
femme, même du consentement de celle-ci, c'est un point qu'on
a encore plus débattu que le précédent. Beaumanoir atteste que
dans la Coutume de Beauvoisis il n'en était pas ainsi ; le mari
pouvait, dans cette Coutume, vendre l'immeuble propre à sa
femme, pourvu qu'il eût son consentement. (Beaum., *Cout. de
Beauv.*, chap. XXI, § 2). Il en était différemment dans les Coutumes du Nord. Bouteiller nous l'apprend en ces termes : « Et s'il
advenoit que le mari engageast la tenure de sa femme et qui vient
de par elle, supposé encore que ce soit du consentement d'elle,
et qui plus est que celuy à qui la tenure seroit obligée l'eût vendue
à autre, sachez que, le mari mort, si la femme veut retraire sa
tenure, elle y faict à recevoir, et r'avoir le doit ; car pour chose
que consentie si seroit durant la vie de son mari, ne demeure
pour la crainte qu'elle pourroit avoir de lui et de sa paix garder.
Et si la femme étoit morte, si le r'auroyent les hoirs, et retraire
le pourroyent franchement. Et bien s'en garde qui reçoit en gage,
voire ce dit la loi escrite, si celui à qui ce est obligé, ne savoit
que celle tenure ne fust à la femme, et qu'elle ne fust de son lez
et costé, lors y chet remede de recouvrer le prix : mais s'il savoit
que ce fust à la femme, lors n'y chet nul remede, etc. Mais en

aucuns lieux coutume est au contraire. » (*Somme rural*, p. 822).

On peut croire que cette opinion fut introduite par les romanistes, qui avaient l'habitude, comme précisément le fait ici notre document, de désigner les propres de la femme, ainsi que son douaire, sous le nom de *dos*, et qui par cette confusion de termes étaient amenés souvent à confondre aussi les idées, à appliquer aux propres et au douaire de la femme les principes admis par les Romains sur la dot (1). Peut-être ceux qui voulaient que le mari ne pût aliéner les propres de son épouse, même avec son consentement, parlaient-ils sous l'influence de la phrase des Institutes : « Remedium imposuimus ut (in dotale prædium) interdicta fiat alienatio vel obligatio, et neutrum eorum neque consentientibus mulieribus procedat » (liv. II, tit. 8; quib. alienare licet vel non).

Quoi qu'il en soit, la coutume de Paris (art. 108 de l'anc. et 226 de la nouvelle), et après elle le Code civil (1428, 2°), ont consacré l'opinion qui permet au mari d'aliéner les biens de sa femme, lorsqu'il a son consentement.

« Le mary puet forfaire les muebles et les conquests. Probatum anno 1372 die 14 januarii, per 7 advocatos, 3 examinatores et 6 procuratores inter magistros Jo. de Dicy et Jo. de Savigny, actores, contra domin. Gaufridum Parvum militem (*cout. not.* n° 162.) » Voyez encore sur ce point les *Olim* (t. I, p. 990, note 81), les *Notables* (§ 12) et Desmares (*décis.* 247°).

§ 12. « La veuve qui requiert contre l'héritier du défunt que « son douaire lui soit assigné, ne doit avoir d'arrérages de son « douaire que ceux qui sont échus depuis qu'elle a fait sa de- « mande en justice, et seulement dans le cas où elle aura gain de « cause.

« Elle ne peut demander assignation de douaire qu'après la « mort de son mari, quand même, suivant quelques-uns, elle se- « rait séparée judiciairement de lui par sentence ecclésiastique. »

Si la veuve requiert assignation de douaire contre l'héritier de son mari défunt, c'est qu'elle demande la délivrance du douaire préfix ou conventionnel qui lui a été assigné par contrat de mariage. Elle était saisie sans demande du douaire légal

---

(1) On peut consulter, sur la confusion des mots douaire et dot au moyen âge, un chapitre intéressant des *Recherches sur la condition civile et politique des femmes*, par M. Laboulaye (voy. la *Biblioth. de l'Éc. des Ch.*, t. V, page 83). C'est le chapitre 2 de la seconde section du livre II.

ou coutumier; mais il fallait qu'elle demandât à l'héritier la délivrance du douaire conventionnel. (Voy. Loisel, *Institut. coutum.*, liv. I, tit. 3, règles 10 et 11.) Telle était la règle générale au seizième siècle; et elle est encore consacrée dans la coutume de 1510 (art. 140 et 141). Mais Loisel remarque (*ubi suprà*, règ. 11) que, de son temps, cette règle commençait « à se corriger quasi partout, » en ce sens que, préfix ou coutumier, le douaire saisissait la femme sans demande aussitôt après la mort de son mari. C'est en effet une correction adoptée par la coutume de 1580 (art. 256).

« La femme ne peut demander son douaire qu'après la mort de son mari. » Les assises de Jérusalem laissaient moins la femme et les enfants à la discrétion du mari. Elles permettaient à celle dont le mari « commençait à jouer, à boire, à manger, à détruire tout ce qu'il avait, et à s'appauvrir, de demander son douaire. » La raison le commande, dit cette loi prudente, qui consacrait ainsi un principe analogue à celui de notre article 1443 du Code civil; et elle ajoutait : « Et est tenus ces maris par dreit de metre son douaire, ou le vaillant, en la main de proudes homes, ou en tel leuc qui sée sauf a celuy ou a cele qui aveir le devra; car ce est dreit et raison par l'asise ou par la lei de Jérusalem. » (*Assise des bourgeois*, ch. CLXXI; édit. de M. Beugnot, t. II des *Assises*, p. 116.)

§ 13. « Si le douaire de la femme consiste dans la perception « des fruits d'un bien fonds, et que la femme meure avant la ré- « colte de l'année courante, ses héritiers n'auront aucun droit « aux fruits de cette récolte; mais il en serait autrement si les « revenus de la dot étaient de l'argent : dans ce cas, les héritiers « de la douairière auraient la part qu'elle aurait eue elle-même, « calculée d'après le temps de l'année que le douaire aura duré. »

Cet alinéa ne contient rien autre qu'une application spéciale à la matière du douaire, de ce principe constant que, dans l'usufruit, les fruits naturels et industriels s'acquièrent par la perception, et les fruits civils jour par jour; principe consacré, sauf de légères modifications de détail, par les lois romaines (*Instit. Justin.*, de divisione rerum, §§ 35 et 36), par notre ancienne jurisprudence et par le Code civil (art. 585 et 586).

Un bon commentaire de cette disposition se trouve dans le *Traité du douaire* de Pothier, aux n°s 199 *ad finem*, 204 et 205.

§ 14. « Si la femme, après la mort de son mari, réclame son
« douaire des héritiers du défunt, elle n'aura pas les arrérages
« ou fruits depuis le moment du décès de son mari, mais seule-
« ment à partir de la demande en justice par elle intentée; il en
« est de même pour les enfants héritiers de la femme qui deman-
« dent le douaire de leur mère. »

Ce § nous paraît ne rien dire de plus que la première phrase
du § 12. (Voy. les *Notables*, § 23.)

§ 15. « La femme gagne son douaire aussitôt que le mari a
« couché avec elle, soit qu'il l'ait laissée pucelle ou non. Et pucelle
« ainsi peut intenter l'action de douaire; on peut voir à ce sujet la
« loi *Ideoque*, au Digeste: *de Ritu nuptiarum.*

« Le mari ne peut constituer de douaire pendant le mariage,
« pas même dans la première nuit des noces ; il faut qu'il le cons-
« titue avant la célébration du mariage, ce qui s'applique au
« douaire conventionnel. Mais, supposé que dans les conventions
« matrimoniales il n'ait été rien prévu touchant le douaire, néan-
« moins la femme a tacitement pour douaire, en vertu de la cou-
« tume, la moitié de tous les biens immeubles qu'avait le mari
« quand le mariage a été contracté, ou qui lui sont advenus depuis
« par succession directe suivant quelques-uns, et non par succes-
« sion collatérale. D'autres disent que des choses acquises au mari
« après le mariage, soit en ligne directe, soit de succession colla-
« térale, la femme ne prendra rien à titre de douaire, mais qu'elle
« prendra seulement la part de meubles qui lui appartient en
« vertu de la coutume générale, qui est que les meubles et con-
« quêts existants à la mort de l'un des conjoints sont divisés en
« deux parts égales, l'une pour le survivant, l'autre pour les hé-
« ritiers du défunt. »

D'après la coutume de Paris de 1510, c'était encore au coucher que la femme gagnait son douaire. Mais Loisel constate que
pendant le cours du seizième siècle l'usage avait changé. « On
disait jadis : Au coucher gagne la femme son douaire; maintenant, Dès lors de la bénédiction nuptiale » (*Instit. cout.* ; des
Douaires, règle 5). C'est un point qui fut réformé presque partout, et notamment à Paris, où il le fut par les rédacteurs de la
coutume de 1580. La règle ancienne ne reposait sur rien, que
sur une distinction entre le mariage célébré et le mariage con-
sommé, à l'aide de laquelle les canonistes permettaient à chacun
des époux d'entrer en religion tant qu'il n'y avait pas eu entre

3.

eux *concubitus*, ou au moins *cohabitatio*. (Voy. le *Gloss. de Ra-gueau*, édit. de Laurière, v° *Douaire*, et Pothier, *Traité du Douaire*, n° 148.)

La loi romaine n'est pas invoquée dans cet alinéa pour prouver, comme la construction de la phrase porterait à le croire, que la femme gagne son douaire au coucher. Cette citation ne se rapporte qu'aux derniers mots : « pucelle peut intenter l'action de douaire. » En effet, la règle des Romains, règle bien connue, était celle-ci : *Nuptias non concubitus sed consensus facit* (Voyez aussi le *Dig.*, fr. 30, *de Regul. juris* ; fr. 5, *de Condit. et demonstr.*). Voici le cas que suppose la loi *Ideoque* : Un mariage a été convenu, *per litteras* ou *per nuncium*, entre deux personnes éloignées l'une de l'autre, et s'est accompli par la *deductio uxoris in domum mariti*, le mari étant toujours absent. Puis, à son retour, le mari tombe dans le Tibre, et meurt avant d'avoir vu sa nouvelle épousée. C'est un exemple qui montre, dit alors la loi citée, qu'une vierge peut avoir une dot et une action en recouvrement de sa dot : *ideoque potest fieri ut in hoc casu aliqua virgo et dotem et de dote habeat actionem.*

Le douaire conventionnel ne peut être constitué après le mariage contracté, pas même pendant la première nuit des noces. Cela est évident, puisque, dès que le mariage a eu lieu, les époux qui n'ont point fait de convention relativement au douaire, se trouvent mariés sous le régime du douaire coutumier.

« Le douaire coutumier est de la moitié des biens qu'avait le mari au moment de la cérémonie nuptiale, ou qu'il acquiert pendant le mariage par succession, mais par succession directe seulement, suivant quelques-uns, et non par succession collatérale. » La controverse, indiquée ainsi par notre fragment, était tranchée au seizième siècle, et l'opinion de ces quelques-uns admise. Bien plus : la jurisprudence restreignit la disposition aux successions directes et venant d'ascendants.

§ 16. « Si le mari, en mourant, fait des legs dans son testa-« ment, ses héritiers auront à les payer sur leur part seulement ; « et la part de la femme n'en souffrira par conséquent aucune « diminution. »

Règle d'une évidente nécessité, et qui a dû exister de tout temps, mais qu'il n'était pas inutile d'exprimer à cause de la force de l'idée passée en adage, que le mari est maître de la communauté. Elle est reproduite dans l'article 94 de l'ancienne

Coutume de Paris (celle de 1510), dans l'article 296 de la nouvelle, et dans le Code civil (art. 1423).

§ 17. « Si le mari, qui a promis d'assigner un douaire déter-
« miné à sa femme, meurt avant d'avoir fait cette assignation, le
« douaire alors doit être assis sur les biens propres du mari, et
« il ne sera pas compté comme une dette ordinaire contractée
« par le mari envers sa femme. »

Le mari mourant solvable, la distinction ne présente pas d'intérêt; mais elle en présente beaucoup si le mari meurt ayant plus de dettes que de biens, car alors la femme ne viendra pas au marc le franc avec les créanciers. Elle commencera par prélever son douaire, et les créanciers n'auront que le surplus.

§ 18. « La femme qui enfreint la loi du mariage perd son
« douaire, si son crime est prouvé par le mari. »

Cette disposition paraît avoir toujours existé dans notre droit, elle s'est maintenue jusque dans le Code civil, où elle est l'objet de l'art. 299. Il va sans dire que l'article 299 ne parle pas de douaire; il déclare la femme adultère privée de tous avantages matrimoniaux, et, à la différence de la législation ancienne, il étend, à celui des époux contre lequel aura été admis le divorce, la pénalité qui réprimait jadis la faute seule de la femme, et non celle du mari.

On discute encore aujourd'hui la question de savoir s'il faut que nos tribunaux appliquent la disposition de l'article 299 au cas de simple séparation de corps, malgré la suppression des articles du Code relatifs au divorce, prononcée par la loi du 8 mai 1816. On fait valoir en faveur de la négative divers arguments fondés sur les principes généraux du Code civil, et c'est l'opinion adoptée par la Cour de cassation (1). Cependant l'opinion contraire, qui est généralement celle de la doctrine, paraît plus fortement motivée (2), et le paragraphe dont nous nous occupons rappelle un argument que l'étude historique de ce point de droit pourrait encore fournir. Dans l'ancien droit français, le divorce était inconnu; l'influence des idées chrétiennes,

---

(1) Un arrêt rendu par la cour le 23 mai 1845 (toutes chambres réunies) vient d'opérer un revirement dans cette jurisprudence.

(2) On peut voir un exposé lucide de cette discussion dans le *Traité de l'état des personnes*, par Proudhon, annoté par M. Valette, t. 1, p. 543-555.

agissant par le droit canon, l'avait fait proscrire, et le mariage était indissoluble (sauf dans le cas exceptionnel que nous avons cité au commencement du § 15). La femme convaincue d'adultère était seulement séparée de corps et de biens de son mari, et elle perdait alors tous ses avantages matrimoniaux : sa dot même devenait la propriété de son mari, s'il n'était pas né d'enfants de leur union (Argou ; *Institut. au Dr. franc.*, liv. III, chap. 38). Ainsi, la perte des avantages matrimoniaux suivait la séparation de corps ; il y a donc lieu de croire que les auteurs du Code civil ayant rédigé le titre *de la Séparation de corps* sans montrer en rien qu'ils voulussent déroger à l'ancienne législation, ont entendu la maintenir, et se sont d'autant moins préoccupés de le dire à cet endroit, que, dans le titre *du Divorce,* où la nouveauté de la matière semblait plutôt exiger qu'ils s'en exprimassent, ils avaient, par la rédaction de l'article 299, nettement formulé leur volonté.

§ 19. « Pas même à son épouse, suivant la coutume de quel-« ques lieux, on ne peut faire de donation au moment de sa « mort. Le mari et la femme ne peuvent pas non plus se faire de « legs réciproque ; ils peuvent cependant se faire un don de grâce « ou don mutuel de tous leurs biens meubles et conquêts ; en « quelques lieux ce sera parfaitement valable pour le donataire et « ses héritiers. Ailleurs, cependant, une telle donation est nulle, « et ne peut être faite que quant à l'usufruit desdits meubles et « conquêts ; et quelques-uns disent que si on était expressé-« ment convenu que ladite donation vaudrait quant à la pro-« priété, elle serait nulle, puisque la coutume s'oppose à ce que « la propriété puisse être ainsi donnée, et qu'elle ne vaudrait pas « non plus quant à l'usufruit, parce que ce n'était pas l'usufruit « qu'on voulait donner, et que la forme en laquelle on a fait la « libéralité ne se prête pas à cette interprétation. Cette donation « ne vaudra donc pas telle qu'elle est, et ne produira même pas « les effets qu'on aurait pu lui faire produire. »

La donation *in articulo mortis* est interdite ; elle l'est même entre mari et femme : sage principe sans lequel les familles peuvent être dépouillées par des donations qu'on ne craint pas de faire lorsque la mort est voisine, tandis qu'en bonne santé l'on serait moins prodigue. Les coutumes du seizième siècle (1510, art. 156 ; 1580, art. 282) l'avaient consacré à Paris ; et le Code civil, qui favorise beaucoup la division des fortunes, s'est gardé de le maintenir. Mais la donation mutuelle des meubles et conquêts était permise sous certaines conditions restrictives (Cout. de 1510, art. 155 ; de 1580, art. 280). C'était une faveur faite au mariage, et renfermée dans des limites assez étroites pour que l'abus en fût sans portée.

D'après le Code civil, la donation et le legs entre époux sont entièrement permis, plus largement même qu'ils ne le sont entre personnes étrangères l'une à l'autre (voy. art. 1094); seulement la révocabilité est le caractère essentiel de ces sortes de libéralités (art. 1091—1100).

§ 20. « Certains auteurs disent que si l'on fait ainsi une dona-
« tion mutuelle entre-vifs, il faut qu'on la confirme à l'heure de
« sa mort, et que, de plus, si l'on a des enfants sous sa puis-
« sance, il faut avoir leur consentement. D'autres le nient. »

On a vu indiquées, dans le paragraphe précédent, deux des conditions exigées pour le don mutuel : la donation ne pouvait comprendre que des biens meubles ou des immeubles conquêts, et seulement en usufruit ; ces deux conditions subsistent dans les deux Coutumes de Paris du seizième siècle. Ici nous en trouvons deux autres : l'une, que la donation mutuelle faite entre-vifs soit confirmée *in articulo mortis*; l'autre, qu'elle ne se puisse faire que du consentement des enfants, si les époux en ont sous leur puissance. La nécessité de la confirmation *in articulo mortis* a été maintenue dans quelques coutumes, mais non dans celle de Paris.—Quant à l'autre condition, il paraît que la question de savoir s'il fallait l'exiger, et la controverse indiquée par les derniers mots de notre alinéa, ont duré longtemps. Le procès-verbal de la coutume de 1510 nous apprend (sur l'art. 155) que, lors de la rédaction, la question fut agitée de savoir non plus si la donation pourrait être faite sans le consentement des enfants, mais s'il serait permis de la faire, absolument parlant, à ceux qui mouraient ayant des fils ou des filles sous leur puissance. Les rédacteurs se décidèrent pour la négative et l'insérèrent dans la dernière phrase de l'art. 155, mais sans s'exprimer d'une manière assez positive pour qu'il ne fût plus permis de croire que le consentement des enfants pouvait annuler la prohibition ; en sorte que, même après la rédaction de la coutume de 1580, qui ne tranche pas davantage la difficulté, il demeura incertain si l'existence des enfants était ou non un obstacle absolu au don mutuel, lorsque ces enfants consentiraient au contrat. Du Moulin pensait que non, mais Charondas était d'avis opposé, « parce que l'intervention et le consentement des enfants, encore qu'ils soient héritiers, ne peut confirmer un acte réprouvé de droit. » (*Comm. sur la C. de Paris*, part. II, p. 135, v°.)

Quel est le but du don mutuel entre époux ? D'où cette institution est-elle née ? Elle procède directement de la communauté des biens entre époux. Son but est d'assurer au survivant la continuation de la jouissance des fruits conquis par le travail commun. « Ma vieille practique (que j'ay escrite à la main), dit encore Charondas, l'appelle le soulas des mariez privez d'enfans ; parce qu'il est raisonnable qu'ils jouissent, durant leurs vies, des biens qu'ils ont amassez par commun travail et industrie. » (*Comm. sur la cout. de Paris*, art. 280, part. II, p. 183, v°.)

Les Romains n'avaient rien d'analogue ; mais on trouve au septième siècle, dans les formules 12 du liv. I, 7 et 8 du liv. II de Marculfe, la preuve que ce droit existait chez nous dès cette époque. Bignon paraît être le premier qui en ait fait la remarque. Deux époux s'expriment ainsi dans l'un de ces textes : « Dùm inter nos procreatio filiorum minime esse videtur, ideo convenit nobis ut omne corpus facultatis nostræ invicem usufructuario ordine condonare debeamus quod ita et fecimus. » Puis chacun d'eux dónne à l'autre, pour le cas où lui-même décéderait le premier : « Omne corpus facultatis meæ tam de alode aut de comparato vel de quolibet adtractu quod pariter in conjugio positi laboravimus, ità ut dùm vixeris usufructuario ordine valeas possidere vel dominare, et reliquum, quantum post tuum discessum intestatum remanserit ad nostros legitimos revertatur hæredes. »

Bignon ajoute dans ses notes (*Marculfi form. vet.*, edit. de 1666, p. 271 et 272) : « Cette sorte de donation mutuelle entre mari et femme est en usage chez nous, et absolument soumise aux mêmes règles par la coutume de Paris, art. 280. »

C'est aller un peu loin. La coutume de Paris exigeait, pour la validité de la donation mutuelle entre époux, cinq conditions : 1° qu'aucun des deux donateurs ne fût en état de maladie ; 2° que la donation ne comprît que des biens meubles ou des conquêts faits pendant le mariage ; 3° que la donation fût seulement de l'usufruit ; 4° qu'en qualité d'usufruitier le donataire donnât caution de restituer à sa mort les biens donnés ; 5° que les époux n'eussent pas d'enfants au jour de la dissolution du mariage.

La troisième et la cinquième de ces conditions se retrouvent formellement exprimées dans Marculfe ; la quatrième peut bien avoir existé sans être écrite dans le contrat ; la première également, quoique ce soit plus difficile à admettre : mais pour la seconde, c'est-à-dire, pour l'obligation imposée aux époux de restreindre à leurs biens meubles et aux immeubles acquis par la communauté les objets de leur libéralité réciproque, il est manifeste que c'était une disposition étrangère au droit mérovingien de la formule.

Il faut ajouter aussi quelques éclaircissements sur la troisième condition, celle qui exigeait que la donation fût seulement de l'usufruit. M. Pardessus ne croit pas que ce droit de l'époux donataire soit un véritable usufruit. « Les documents qui nous sont parvenus, dit-il (*Loi Salique*, p. 679), constatent que le droit du survivant était plus étendu que l'usufruit d'après le droit romain, ou tel que nous le connaissons ; et cependant que ce droit n'était pas d'une propriété absolue. En effet, si la donation n'avait été que du simple usufruit, l'époux survivant n'aurait pu lui-même faire donation des choses qu'il avait reçues, et le titre XLIX de la loi des Ripuaires, ainsi qu'un grand nombre de formules (1), lui accordent la faculté de consommer ces choses pour vivre, et d'en faire des dons pieux. Si la donation avait été en propriété absolue, les biens auraient passé aux héritiers du donataire, et les mêmes documents attestent qu'après la mort de ce dernier ; ils sont recueillis par ceux du donateur. » Celle des formules de Marculfe que nous venons de citer (form. 7, l. II), est précisément un de ces documents où l'usufruit donné par chacun des époux à son conjoint, est accompagné en effet de la singulière amplification que l'acte exprime par les paroles suivantes, mises dans la bouche du donateur : « Dono tibi.... ita ut dùm vixeris usufructuario ordine valeas possidere vel dominare ; excepto quod pro animæ remedio ad

---

(1) Titre conçu en ces termes : « *De adfatimire.* — Quod si adfatimus fuerit inter virum et mulierem, post discessum amborum ad legitimos heredes revertatur, nisi tantum qui parem suum supervixerit in eleemosyna vel sua necessitate expenderit. » —Les formules 17 et 18 de Sirmond, 50 de Lindenbrog et 40 des *Formulæ Andegav.* ont, en effet, rapport à des donations inter virum et uxorem, mais la seconde d'entre elles seulement est une donation d'usufruit et qui n'est point augmentée de la faculté de consommer les choses données ni de faire des legs pieux.

loca sanctorum condonavimus (ut inspecta nostra delegatione in omnibus conservetur), et quantumcumque de alode nostra post meum dicessum , pro communi mercede, ad loca sanctorum legaliter condonare et delegare volueris, hoc licentiam habeas faciendi, et inspecta delegatione inconvulsum permaneat ; in reliquum vero omnes res ipsæ, quantum post tuum discessum intestatum remanserit, ad nostros legitimos revertatur hæredes. »

Faut-il conclure de ces termes, en les prenant à la lettre, que chaque époux donnait à son conjoint l'usufruit de sa part de biens, en y ajoutant la permission de disposer des mêmes biens, de les léguer, de les aliéner aussi complétement qu'il voudrait, « *quantumcumque voluerit?* » Ce serait là une espèce d'usufruit bien bizarre, et qu'on serait tenté plutôt d'appeler du nom de pleine propriété. Selon nous, la vérité est qu'il s'agit dans cette formule, et dans les autres documents du même genre, d'un simple droit d'usufruit, d'un usufruit ordinaire, que seulement le donateur, après avoir mis en dehors des biens dont il donne la jouissance, ceux dont il a déjà disposé par testament (*delegatione*) en faveur de l'Église, ajoute que son conjoint donataire pourra augmenter, pour le repos de leur âme, les libéralités pieuses qu'ils ont faites, et disposer à cet effet, non pas de l'usufruit, mais de la propriété même des biens compris dans la donation ; c'est-à-dire, qu'en vue de ce cas spécial, il transforme son legs d'usufruit en un legs de pleine propriété. Il est si peu juste de regarder cette donation mutuelle d'usufruit faite par les époux au survivant d'entre eux, comme un droit d'une nature particulière, ce qui est d'ailleurs une supposition gratuite, que, dans la formule suivante de Marculfe (II, f. 8), nous voyons un autre modèle de don mutuel, où les époux ne parlent pas de rien donner aux lieux saints ; et alors le donateur complète l'idée d'un don de pur usufruit, en disant : « Isto.... usufructuario ordine debeas possidere...., et nullum pontificium quicquam exinde alienandi aut minuendi habere non debeas. »

Il faut convenir que cette façon de faire un legs de pleine propriété, conditionnellement et par exception à un legs d'usufruit, est une forme bizarre ; mais cette bizarrerie n'a rien d'étonnant ici, où l'on voit si clairement qu'elle est due à l'habitude qu'avaient les clercs rédacteurs des actes, d'y interpoler en toute occasion des clauses favorables au clergé. Elle n'étonnera point surtout ceux qui auront lu ci-dessus les notes du § 3.

Quant à la permission donnée au survivant de consommer les biens communs pour vivre, signifie-t-elle que cet époux eût le droit de disposer pour son usage de la part de son conjoint décédé? ne lui permet-elle pas plutôt de se servir seulement des hardes et provisions qui existaient dans le ménage au moment de la mort de son conjoint, comme aujourd'hui la loi assure chez nous des avantages analogues, mais à la femme seulement, dans les art. 1492 et 1495 du Code civil?

§ 21. « La coutume générale est que le mari soit mandataire « légal et nécessaire de sa femme, et par conséquent qu'il ait « l'exercice de toutes les actions qui appartiennent à celle-ci : il « a en effet toutes les actions possessoires, car, dès que sa femme « est en saisine, il peut en son nom propre introduire une « instance en justice à raison de cette saisine. Quant aux im- « meubles et quant au droit de propriété, quoiqu'il intente action « en justice à cet égard en place de sa femme, c'est cependant au « nom de celle-ci qu'il le fait ; et dès lors il n'est plus, à propre- « ment parler, son mandataire. »

Ce principe est resté le même dans les articles 113 de la coutume de 1510; 233 de celle de 1580 et 1428 du Code civil.

Dans les registres du parlement (1263), on voit une femme se présenter pour intenter une action en pétition d'hérédité, et que le défendeur refuse d'accepter comme demanderesse, par la raison qu'elle se présente sans son mari. « Non debebat, répond la femme, sua responsio impediri cum hereditas de qua agitur, ex parte ipsius moveat et maritus adeò sit senex et debilis quod equitare et venire nequeat.. et maximè cum ipsa habeat aucto- ritatem petendi ab ipso marito suo. Demum, licet hoc esset contra consuetudinem hujus curie, tamen placuit regi quod ipsi Renaudus et ejus uxor (les défendeurs) respondeant ipsi comi- tisse de Combornio (la demanderesse) absque marito suo » (*Olim.*, I, 557, § XVI). Il y avait là sans doute, comme dans la plupart des questions d'hérédité, une action pétitoire immobilière et une action pétitoire mobilière mélangées et indivisibles : à cause de la première, admettre la femme seule à plaider était en effet bien contraire aux usages de tous les temps.

On a encore sur ce point les deux textes suivants, qu'il n'est pas inutile de citer : « Homme qui a femme espouzée puet bien

demener en jugement la saisine et possession des héritages. de
sa femme durant le mariage. Probata anno 1371, die 18 januarii, per 8 advocatos et 6 procuratores pro Joanne des Pavil-
lons, actore, contra Robertum le Boucher, reum » (Cout. not.,
n° 161).—« Nul ne puet demener le héritage de sa femme en
jugement sans son congié, et sans estre icelle femme ou procès
en cas pétitoire ; mais ce pourroit-il en cas possessoire et sans
son congié il le puet perdre ou gaignier. » (Jean Desmares,
Décis. 20.)

§ 22. Il n'y a rien à dire de la disposition contenue dans cet
alinéa, si ce n'est que nous l'avons retrouvée dans un manuscrit
de la Biblioth. royale relatif aux usages du Châtelet de Paris
(269, Saint-Victor ; f° 184, r°), voici en quels termes :

« Se un homme qui est mariés en une ville va hors du païs, et
pendant ce temps avant qu'il viengne il soit semons par devant
son juge en contre aucun son adversaire a certain jour, pour respondre à lui sur certaine demande qu'il lui fera, sa femme le
puet essonier, et dire que son mari ne scet riens de l'ajournement, et demander a avoir la quatorzaine de deliberacion pour le
faire savoir à son mari. Et se elle la demande et elle fait foy que
ainsi soit, elle l'aura ; et la seconde, et la tierce et la quarte d'a-
bundance, ou cas ou son mari ne venra entre deux au païs ; par
ladicte coustume. »

§ 23. « Lorsqu'un fils ou une fille ont été mariés par leurs
« père et mère, ils peuvent être admis à la succession de ceux-ci
« avec les autres enfants, en rapportant le don qu'ils ont reçu.
« Cela est vrai si les père et mère les ont avantagés avant de les
« marier, parce qu'ils ont pu le faire sans le consentement et même
« contre la volonté des autres enfants. Mais après le mariage, ils
« ne pourraient faire de même que du consentement des autres
« enfants, bien que chacun d'eux séparément soit bien libre de
« faire ladite libéralité sur ses biens particuliers, sans prendre le
« consentement de son conjoint ni de ses enfants. »

« J'ai observé en mon vieil Practicien, dit Charondas (Cout. de
Par., p. 176, r°), qu'anciennement l'enfant marié par père et
mère ne venoit à la succession avec les autres enfants s'il n'estoit ainsi convenu au traicté de mariage ; et que telle autrefois
auroit esté la vieille coustume de Paris, le témoigne un extrait
de l'an 1290 du Palouër aux bourgeois. Mais depuis, cette coutume est sortie d'usage, et une autre plus civile entrée en son lieu. »

La disposition à laquelle font allusion ces paroles ne se trouve point dans notre paragraphe, quoiqu'elle existât au temps où il a été rédigé; mais celle dont il parle renchérissait encore sur cette sévérité. Le père et la mère pouvaient doter un de leurs enfants sur les biens de la communauté et le marier ensuite; cela n'empêchait pas l'enfant de venir plus tard à la succession, pourvu qu'il rapportât ce qu'il avait reçu (et qu'il eût, par son contrat de mariage, la faculté de le faire); mais si on le mariait d'abord, et qu'on le voulût doter ensuite sur les biens de la communauté, les autres enfants pouvaient s'y opposer, et empêcher que le père et la mère lui donnassent rien, si ce n'est sur leurs propres.

L'existence de ce principe, à Paris au quatorzième siècle, est démontrée, non-seulement par notre fragment, mais aussi par la 236e *Décision* de J. Desmares, qui jette un grand jour sur ce point, et qui est ainsi conçue :

« Si enfans sont mariez de biens communs de père et de mère, et autres enfans demeurent en celle, c'est à dire en domicile de père et de mère : iceux enfans renoncent taisiblement à la succession de père et mère, ne ny puent riens demander au préjudice des autres demeurans en celle, supposé qu'ils rapportassent ce que donné leur a esté en mariage : quar par le mariage sont mis hors main, se ce n'est qu'il eust esté dit que par rapportant ce qui donné leur a esté en mariage, ils puissent succéder à leurs père et mère, avec leurs frères et sœurs qui sont demeurez en celle : et se tous les enfans avoient esté mariez, vivans père et mère, et, au traitié de leur mariage, ait esté dit que par rapportant etc., toutes fois, après la mort de père et mère, ils viegnent à la succession d'iceux sans rapporter : quar il n'y a nuls enfans demeurez en celle, mais sont de pareille condition, c'est à savoir mariez. »

Cette décision montre que les enfants mariés par leurs père et mère, et dotés des biens communs, sont obligés de s'en tenir à leur don; et quant au reste de la succession, ils sont supposés y avoir renoncé (à moins toujours de réserve insérée au contrat de mariage). La raison qu'on en donne mérite l'attention; cette raison est que, par le mariage, les enfants sont « mis hors la main de père et de mère. » Sans la présence de la mère, la phrase serait toute romaine : « Quia sunt a patria potestate manumissi. » C'est-à-dire que, considérant le fils marié comme émancipé, on

en était venu, par voie de conséquence, à l'assimiler à une personne quelconque étrangère à la famille, et à dire que ses père
et mère ne pouvaient plus rien lui donner des biens de la communauté sans le consentement de ses frères et sœurs, pas plus qu'ils
n'auraient pu donner à un étranger. Cette règle, qui semble, d'a-
près la citation de Charondas, n'être pas restée longtemps en
vigueur, avait probablement sa source dans une mauvaise application de la théorie romaine des enfants émancipés, « qui nec sui
hæredes sunt, quia in potestate esse desierunt parentis » (*Instit.
Just.*, III, 1, § 9) : théorie dont les père et mère pouvaient d'autant plus aisément abuser, qu'il leur était facile, selon qu'ils éle-
vaient ou qu'ils abaissaient outre mesure la dot de l'enfant qu'ils
mariaient, de déshériter ses frères et sœurs, ou de le déshériter
lui-même. Beaumanoir était bien plus jurisconsulte que l'auteur
de cette coutume, lorsqu'il disait : « Il advient bien que les père
et mère aiment tant l'un de leurs enfans plus que les autres,
qu'ils voudroient qu'il pust hériter de tout le leur ; et ainsi les
autres demeureroient sans terre. Et en effet, coutume souffre bien
que celui que père et mère marient ait plus qu'il n'emporteroit
pour sa part ; mais que ce ne soit trop outrageusement, car cet
outrage doit être restraint par le juge a la requête des autres
hoirs après la mort du père ou de la mère (XIV, § 15). »

§ 24. « Suivant la coutume de quelques lieux, les parents ne
« peuvent, par testament ou d'autre manière, disposer de leurs
« biens de façon à faire la condition d'un de leurs héritiers meil-
« leure que celle d'un autre, soit en meubles, soit en conquêts,
« soit en immeubles, lorsque ce sont des héritiers qui doivent
« succéder au même rang. Et serait également nul le legs fait au
« petit-fils né d'un fils qui est vivant et exerce sur lui la puis-
« sance paternelle, parce que c'est à ce fils qu'il serait acquis, en
« sorte que l'on aurait par là un moyen indirect de nuire au droit
« des autres fils. Cette règle s'observe à l'égard des ascendants et
« des descendants en ligne directe pour les dispositions de der-
« nière volonté, et même, suivant quelques-uns, pour les dispo-
« sitions entre-vifs. A l'égard des collatéraux, les dispositions de
« dernière volonté seules sont nulles en pareil cas ; les dispositions
« entre-vifs sont toujours permises en leur faveur, parce que l'on
« peut donner ou transférer à autrui tout ce que l'on veut. »

A la fin du treizième siècle, la coutume, à Paris, paraît avoir
été la même : du moins nous voyons dans les sentences du

Parloir aux bourgeois les enfants d'une sœur disputer à ceux d'un frère la succession d'un oncle commun, qui avait laissé par testament sa fortune à ces derniers. Le débat s'était élevé devant le prévôt de Paris qui (fait curieux à noter en passant), incertain sur la question de savoir quelle était la coutume à cet égard, avait envoyé vers le prévôt des marchands et les échevins pour s'enquérir de ce point de droit. Les officiers municipaux s'assemblèrent donc au parloir ; et après avoir entendu les plaidoiries des deux parties, décidèrent, le 13 août 1293, « que la coustume est toute notoire à Paris et alieurs, et comunément en France guardée et aprouvée, que nul, par don fet entre les viz ou par cause de mort, ne puent fere l'un de ses hoirs meliur de l'autre, ne donner a l'un plus q'a l'autre ; et que il l'avoient veu jugier entre plusieurs personnes ; et que par la dite costume, touz les biens seront partis et divisés iguaument entre les enfanz dudit G. et les enfanz de ladite P., non contraitent le testament desus dit. »

Au seizième siècle, la disposition n'existait plus à l'égard des collatéraux, et n'avait été maintenue que pour les descendants. (Cout. de 1510, art. 124 ; de 1580, art. 303.)

§ 25. « La coutume générale en vertu de laquelle le mort « saisit le vif, a lieu tant en ligne directe qu'en ligne collatérale ; « tant en fait de meubles qu'en fait d'immeubles, tellement qu'a- « près la mort du défunt les biens deviennent les biens de son « héritier, et font partie de son patrimoine ; de telle sorte que si « l'héritier est clerc, lesdits biens sont tenus pour biens de clerc, « et jouissent du privilége clérical. »

Comme Klimrath dans son étude historique sur la saisine (Œuvres, t. II, p. 380), nous dirons que cette règle est si connue, qu'elle n'a besoin d'aucune preuve ni d'aucun commentaire et qu'elle se retrouve implicitement ou explicitement dans tous les Coutumiers. Voyez notamment la *Cout. de Paris*, art. 318, et les *Décisions* 21e et 52e de Desmares.

NOTABLES POINTS

DE

L'USAGE DE FRANCE

ET DE PARIS.

———◦◦◦◦———

Le document que nous donnons sous ce titre se rattache à celui qui précède par des liens assez sensibles. Il est environ du même temps, mais un peu postérieur ; il se compose également d'une série de règles de droit, mais écrites en français et rédigées sans ordre ; enfin l'on y retrouve une partie des articles contenus dans les *Aliqua de Stylo Parlamenti*, et quelques-uns traduits presque littéralement. Les *Notables points de l'usage de France* forment 148 articles qui occupent les feuillets 196 r° à 205 v° d'un manuscrit de la Bibliothèque royale (in-4° pap.; coté *Saint-Victor, n°* 269) où sont réunies une quantité de pièces diverses d'une écriture du quinzième siècle.

Il serait fort difficile d'assigner à ce petit écrit ûne date quelque peu précise. Son auteur n'est pas, comme celui des *Aliqua de Stylo Parlamenti*, un praticien qui recueillit avec une certaine science les décisions intéressantes de la jurisprudence de son temps ; mais ce pourrait bien être un scribe médiocrement entendu aux matières de droit, lequel aurait pris dans différents papiers (1) ces cent quarante-huit articles,

(1) En effet, quelques mots qui, dans le manuscrit, se trouvent en vedette au milieu des deux premières pages, paraissent être des titres de livres et feraient supposer que le copiste à qui sont dus les *Notables*, recueillit ses 148 articles sur les gardes de livres qu'il avait sous la main, en inscrivant, pour mémoire, le titre de chaque livre à la tête de la série d'articles qu'il en tirait. Ainsi, au-dessus de l'article 3 on lit les mots : *Roumain Chaton;* entre les 8e et 9e articles : *Secondus codex*, et avant le 14e : *Pastourel.* Ce dernier nom ne désigne-t-il pas un livre de liturgie, un *Pastoral*, et ce Roumain Chaton ne rappelle-t-il pas l'ouvrage de Dionysius Cato, dont les dystiq

et les aurait transcrits sans trop se tenir en garde contre les dangers de la répétition et de la contradiction. Il suffira, pour ce dernier fait, de citer une seule preuve ; elle est concluante. A la fin du § 7 des *Aliqua de Stylo Parlamenti*, nous avons fait mention d'une ordonnance rendue au mois d'août 1371, par laquelle Charles V accorda aux bourgeois de Paris , à l'égard de leurs enfants, les avantages de la garde-noble. En lisant l'article 101 des *Notables*, qui reproduit à la lettre les deux premières lignes de ce § 7, on doit croire que cet article, et par conséquent les *Notables* eux-mêmes, sont antérieurs à l'année 1371 ; mais on s'aperçoit ensuite qu'un autre article, le 125ᵉ, contient précisément la règle opposée, et donnerait lieu de croire que les *Notables* sont postérieurs à l'ordonnance de Charles V. La vérité qui ressort de là, c'est que nos 148 articles sont rédigés sans suite et proviennent de côtés divers ; ceux-ci sont un peu moins anciens, ceux-là un peu plus, et ils ne se trouvent, par conséquent, pas toujours d'accord entre eux sur tous les points. Cependant, ils présentent un ensemble assez compacte sur le droit parisien de la fin du XIVᵉ siècle.

Nous avons dit que les *Notables*, ou du moins un bon nombre des articles qu'ils comprennent, sont une traduction du latin. Cela est facile à démontrer. Sous le tissu malhabile de ce texte français , dû à quelque greffier du Châtelet, on voit saillir des formes que notre langue n'a jamais admises, et qui ne pouvaient se rencontrer que sous la plume d'un traducteur ou très-négligent ou très-embarrassé.

Ainsi, notre écrivain parle dans son article 43 d'un *arrest en personne*, et dans le 135ᵉ de *raysons en seigneur*, ce qui, sans avoir jamais eu de sens en français, rend très-bien compte des tournures latines *arrestum in personam*, arrêt rendu contre une personne déterminée, et *rationes in dominum*, griefs contre un seigneur. Dans l'art. 44, il emploie l'ablatif absolu avec autant de liberté qu'on le ferait en latin, et dit : Le cotuteur poursuivi par son pupille, doit, *la chose entière*, faire adjourner les autres tuteurs. Plus loin, art. 93, pour dire qu'un fermier attaqué en revendication d'une portion du terrain qu'il détient, doit avoir un délai pour demander avis au propriétaire sur le mérite de la réclama-

---

furent souvent traduits au moyen âge sous le titre de *Chaton* ou *Chatonnet* (voy. la *Biblioth. de l'Éc. des Chartes*, 1ʳᵉ série, t. V, pag. 73 et 78). C'est, du reste, tout ce que la pièce contient d'indications de ce genre ; soit que le scribe ait renoncé à en donner davantage, soit que tous les articles, à partir du 14ᵉ, fussent tirés de son *Pastourel*. Nous avons cru ne devoir pas reproduire dans le texte ces trois ou quatre mots jetés au milieu des lignes et qui, entièrement dépourvus de sens au premier abord, ne serviraient qu'à troubler le lecteur.

tion élevée contre lui, il s'exprime ainsi : « le *reus* doit avoir délibération pour savoir *à* son maistre *si ita sit.* » N'est-ce pas là une traduction par trop transparente des mots : *ut a domino suo sciscitetur?*—« Femme *nulle*, mariée ne autre, *doit* tenir prison (art. 94). » Si cette phrase eût été pensée et composée en français, son auteur, en supposant qu'il eût songé à placer l'adjectif *nulle* après son substantif, ne lui aurait, du moins, pas cru tant de force, et il eût certainement soutenu le verbe *doit* par une négation qu'exigea toujours le français, mais que rejette le latin : *fœmina nulla debet.* A la fin du même article, *tant (tantùm)* est mis au lieu de *seulement* ou de la vieille locution *tant seulement.* Nous bornons là cette revue qui pourrait être plus longue, mais qui suffira très-bien pour ne laisser aucun doute sur ce point que les *Notables* ne sont pas un travail original.

Est-ce un travail important? Il nous a paru tel. Malgré tous leurs défauts, cent quarante-huit articles, contenant chacun une règle du droit suivi dans le ressort des coutumes de Paris ou de l'île de France au moyen âge, ne sont pas sans intérêt. Rédigés vers le même temps que les *Coutumes notoires du Châtelet* et les *Décisions* de Jean Desmares, ils peuvent servir à éclairer ces deux ouvrages et à les compléter.

L'unique manuscrit que l'on ait de ce document est d'écriture correcte et lisible, mais il est souvent difficile à comprendre par le mauvais style et le peu de soin de son auteur. Nous nous sommes attaché à éclaircir le sens des articles, d'abord, par une ponctuation exacte; puis, par de courtes notes; enfin, par des interpolations que nous avons introduites dans le texte, toutes les fois que des lettres ou des mots nous paraissaient manquer pour l'intelligence de la phrase. Mais nous avons toujours placé ces mots interpolés entre deux crochets, de manière à les distinguer du texte, et à mettre le lecteur en état d'en faire aisément abstraction, s'il n'approuve pas nos amendements.

Quant aux notes historiques sur les points de droit contenus dans chaque article, nous en avons été très-sobre dans cette pièce qui n'a pas la brièveté de la précédente. Nous nous sommes borné à joindre quelques lignes aux articles où nous avons cru des éclaircissements nécessaires.

Le titre : *Notables points de l'usage de France et de Paris,* n'est pas tout à fait une invention de l'éditeur, puisque le texte commence par cette rubrique: *Cy après s'ensuient plusieurs Notables.* Mais le mot *Notables* tout seul n'eût rien paru signifier; ceux que nous avons ajoutés expliquent le sens qu'il a dans le manuscrit, et le complètent, ce nous semble, d'une manière exacte autant que précise.

Cy après s'ensuient plusieurs Notables.

1. *L'Église* (1). Nota que le prévost de Paris ou son lieutenant a la prévencion d'aucunes lays faites en testamens ; il est en saisine d'en avoir la cognoissance pour le Roy et oyr la cause, sans ce que il soit tenuz d'en fere remission devers le maistre des testamens.

Le *Maître des Testaments* était le membre de l'officialité à qui l'évêque déléguait spécialement sa juridiction en matière testamentaire. —Le prévôt de Paris avait donc, à la fin du XIV° siècle, la prévention d'une partie de ces sortes de causes, à l'exclusion des officialités ; on voit poindre là le nouveau droit qui s'établit au XVI° siècle, ainsi que nous l'avons dit plus haut (*Aliqua de Stylo*, p. 14), et d'après lequel la connaissance des testaments fut entièrement enlevée aux évêques.

2. *L'Église*. Nota que clercs non mariez qui n'ont point de tonsure ne habit de clerc si pevent décliner en accion personelle, soit qu'ilz soyent en personne ou par procureur, et mettent en fait leur privilege. Et se pour fait criminel ilz estoient emprison, ilz demour[r]oient jusques atant que la clergie seroit prouvée, c'est assavoir la propriété ; et seroit la cause de la clergie ventilée a la court l'official, mais les gens du Roy seroient presens à veoir les tesmoings jurer.

Les clercs admis seulement aux ordres mineurs de l'Eglise, quoique vêtus de l'habit clérical, et portant la tonsure, pouvaient se marier et jouissaient des priviléges de clergie, qui consistaient principalement à ne pouvoir être poursuivis judiciairement que devant l'autorité ecclésiastique. Dans quelques cas, cependant, nommés *cas privilégiés*, les clercs ressortissaient de la juridiction laïque. (Voy. *Somme rurale*, édit. Charondas, in-4° 1611 p. 720). Mais les juges ecclésiastiques et les juges laïcs n'ont presque jamais pu s'entendre sur la question de savoir, quand un cas se présentait, s'il était *privilégié* ou *de délit commun*. (Voy. Fleury, *Instit. au dr. ecclés.*, part. III, ch. 14.)

3. *Usage*. Nota que en plusieurs cours, comme Montmo-

---

(1) Ce mot, que nous avons placé en tête de l'article, est en marge dans le manuscrit. A chaque article, nous avons opéré la même modification.

rency, en paie amende de sanc, sauf ses défenses; mais néant-moins [se] ce n'est par armes ou par invasion, il n'y a pas lx s., mais ou dit cas il y a lx s.; et de poing garni xvij ou xv; et du poing et de la pagme v s.

Dans les justices royales, l'amende pour le sang versé était au XVe siécle de 60 sous, et pour un simple coup donné avec le poing ou la paume de la main, de manière à ne point occasionner d'effusion de sang, l'amende était de 5 sous. (Voyez Bouteiller, *Somme rurale*, p. 859,) Ce troisième nota signifie que ce n'était pas une règle exclusivement propre aux cours royales, et qu'une amende également forte se payait dans certaines cours seigneuriales, par exemple dans celle de Montmorency.

4. *L'Église.* Nota que quant aucun entre en religion sanz dire lui et ses biens, quant il muert ses héritiers lui pevent succéder; et quant en[t]rent lui et ses biens, ils n'y ont riens.

5. *De execucionibus.* Nota que quant aucun bourgois par vertu du privilege a fait arrester les biens d'un forain qui après ce face adjourner l'arrestant a veoir oster, se ycellui arrestant veult comparoir la première journée par procureur il convient qu'il ait grace; et se l'arrest est fait par lettres obligatoires il convient que promptement il (1) face foy des lettres, ja soit ce que on soloit tenir que avant co un procureur prenoit bon advis.

(1) Le procureur.

« Par vertu du privilège. » Le privilége dont il est ici question est celui que Louis VI accorda en 1134 aux Parisiens de pouvoir saisir dans Paris les biens de leurs débiteurs qui étaient étrangers à cette ville et sujets du roi, contrairement à la règle que le défendeur ne peut être poursuivi qu'au lieu de son domicile, et à cette autre règle non moins importante, qu'un créancier ne peut faire d'exécution sur les biens de son débiteur, qu'en vertu d'un jugement. Ce privilége fut maintenu par la coutume de Paris (art. 173).—La charte de Louis VI a été imprimée plusieurs fois; elle se trouve notammént dans le Commentaire de De Laurière sur la coutume de Paris, T. II, p. 142.

« Il convient qu'il ait grâce. » Il fallait, pour se faire représenter en justice par un mandataire, obtenir une autorisation qui se délivrait au nom du souverain, sous le nom de lettre de grâce. Voy. la *Biblioth. de l'Ec. des Chartes*, t. III, p. 48, note 1. L'abolition de cette coutume fut consacrée en 1483 par une ordonnance du roi (*Masuer*; édit. Fontanon, de 1600, p. 76 à 78, tit. III).

6. *Aubain.* Nota que les biens vaquans après leur decès (1)
sont aux haulx justiciers soubz qui ilz demeurent quant ilz n'en
ont ordonné par testament et se ilz en ont ordonné l'ordonnance
vault. Et ce appelle l'en aubain[e]; etc.

(1) Le décès des forains.

7. *De appellacionibus.* Nota que se aucun appelle d'une interlocutoire et depuis temps deu il y renonce : nonobstant ce, par le
dit des advocas du Chastellet, sur ce oys ilz en tourbe, se en
l'interlocutoire a aucune chose obscur l'en peut aussy bien requerre declaracion comme s'il n'y eust point d'appel, et est la
raison bonne car ilz en sont en autel estat fors d'appel et si ne
valen pas contre la sentence interlocutoire, etc.

Voyez la *Pratique de Masuer*, éd. précitée, p. 718, tit. xxxv.

8. *De bannissement.* Nota que se aucun est bannis de par le
Roy sur la hart et depuis il est prins, pour autre nouvel meffait
depuis fait, en une court subjecte qui riens n'en saiche, et que
le malfaiteur ne le confesse pas, il[z] n'en peu[ven]t cognoistre a
condempner de mort ou delivrance; et se ilz le scevent ou qu'il
leur ait confessé ilz le doivent fere savoir aux gens du Roy et le
rendre pour cognoistre du fait etc.

9. *De obligacionibus.* Nota que se aucune femme de soy se oblige
et depuis elle est mariée, et après le quel mariage elle est séparée
et après l'en la prouche (2) pour raison de l'obligacion et a la
journée elle dit « qu'elle n'est tenue de procéder car elle est en
« lien de mariage et se elle fu oncques séparée si est elle récon-
« siliée, » aucuns dient que ad ce dire elle n'est à oïr et [qu'on]
doit procéder *in odio sui* ; mais se son mari estoit présent, qu'il
dit, *aliud est* etc.

(2) La poursuit.

10. *L'Église.* Nota que un chevalier qui continuelment suit les
armes et [un clerc qui] ait esté une fois mariez en pucelle puis
qu'il est en possession et habit, doi[ven]t et peu[ven]t user de
privilege de [chevalier et de] clerc.

Nous avons beaucoup ajouté au texte de cet article, mais il ne nous
paraît pas intelligible sans ces additions.

Il s'agit probablement ici de ce privilége de l'homme de guerre, que son créancier, en saisissant ses biens, lui devait laisser ses armes. (*Ma-suer*, tit. XXX, § 33.) Quant au privilége du clerc, cet article veut parler d'un autre privilége que celui dont il est question ci-dessus dans l'art. 2 ; c'est sans doute celui de n'avoir point ses meubles sujets à la saisie. (Voy. Charondas, *Cout. de Paris*, part. II, p. 41, v°).

11. *De retrait.* Nota que s'il advient que aucun rachate au-cune rente sur aucun heritage et depuis il achate la propriété de l'éritage, s'il advient que aucun du costé et ligne le vueille qu'il paira touz les deux pris des deux marchiez.

Celui qui exerce le retrait lignager doit rembourser à l'acheteur de l'immeuble retrait, tout ce que celui-ci avait dépensé pour cet achat.

12. *Coustume.* Nota que par l'usage et coustume etc., l'omme marié si forfait touz ses biens et héritages et conquests pour ce qu'il en est sires et sans sa femme les peut il vendre et despendre ; mais le douaire ne forfait il pas car il est à sa femme et ne le pourroit vendre ; et la femme ne forfait fors le sien propre etc.

Voyez les *Aliqua de stylo parlamenti*, § 11.

13. *Usaige.* Nota que le Roy ne mande ne commande riens au juge subgïet, mais au juge royal si fait etc.

14. *Notable.* Nota que se un homme qui commence un procès meurt et avant que l'an et le jour soit passé a compter du jour de sa mort, et non mie du jour de l'assignacion, ses héritiers re-prennent le procès, la reprinse vault non obstant la date de l'assignacion etc.

15. *Notable.* Nota que aucun seigneur ne peut requérir son hoste jusques atant qu'il se soit advoué son hoste, et supposé que il le face, si n'est pas l'oste forclos de sa déclinatoire, ne ne vaut la coustume corruptelle que l'en dit : « Qui requiert avant « que l'en se advoue, l'en est déchcu de ses déclinatoires. »

Hôte, hospes, et quelquefois *hostis (hostisia)*, avait au moyen âge le sens de *colonus, manant, cottier, vilain.* « Un chevalier proposa contre un autre que il avoit retenu en se vile, de nouvel, un sien hoste lequiex avoit manié dessous li un an et un jour.... pourquoi il requéroit qu'il fust contrains à che qu'il renvoiast son hoste couchant et levant des-sous li (Beauman., ch. xxxii. § 17.) »— « Tu peux semonre ton vi-lain ki est tes coukans et tes levans. (P. Desfontaines, ch. iii.) »

16. *Adjournement*. Nota que quant adjournement est fait aux voisins il faut dire aux quelx et les nommer et la cause pourquoy ou que l'uis estoit clos ; ou aultrement il ne vault.

17. *De advoc*. Nota que se aucun advocat advoue a oublie aucune chose en concluant, et incontinent et freschement il se corrige avant la reprouche, il souffist de grace.

« Advocatus qui per imperitiam cecidit a sua causa tenetur ad restitutionem. » (Glose de Bartole.) Voy. la *Somme rurale*, édit. Char. le Caron, p. 673.

18. *De usage. De exécution*. Nota que par l'usage de France touz impositeurs ou prevosts fermiers pevent après leur temps passé aler par voie d'arrest et d'execucion des debtes qui a la dicte cause leur sont deubz de leur temps, supposé que le Roy soit ja paiez ; et ne sont pas simples debtes mais sont debtes royaulx. Car autrement aucun ne prendroit aucune ferme ou marchié du Roy et supposé que le Roy se soit paiez de moys en moys pour ce n'est il pas défendu que après le moys l'on ne puisse faire exécucion de la debte qui n'est pas simple debte mais royal, car la coustume [qui s'y opposeroit] seroit fauce.

Les dettes royaux étaient dites privilégiées et primaient les autres. On en voit, dans la *Somme rurale*, p. 656, un exemple de l'an 1375. Au temps de Charondas, il n'en était plus de même.

19. *Usaige*. Nota que un juge, de son office, peut bien faire demande a aucun a fin d'amende sans ce qu'il y ait procureur a la court, si comme de cens non paiez, de aucun nouvel délit ; non pas en autre cas ordinaire.

20. *Usaige*. Nota que amende de cens non paiez a jour nommé n'est que de v s., et cens recellé c'est à dire dont l'en ne paye [par supercherie] que la moitié est de lx s. etc.

21. *Notable*. Nota que quant aucun est aprouchié d'office pour cause d'attemptat et de restitucion, supposé que informacion précède, et office se doubte que partie ne se advoue clerc ou que il ne face fere défense au juge etc, on doit mettre la main a son temporel et quant il requerra que la main se lieve, [il faudra qu'il] die la cause etc.

22. *Stile*. Nota que par le stille du Chastellet de Paris il n'y a point de porteur de lettres sur porteur, mais le porteur bien peut fere procureur, comme porteur, après plait entamé.

Le *porteur de lettres* est celui à qui le créancier à cédé sa créance en vertu de la clause qu'elle contenait : « Je payerai à un tel ou au porteur des présentes. » Le porteur n'a pas le droit de céder à son tour le titre à une troisième personne, dit l'article ; seulement, il peut constituer un procureur pour suivre l'affaire en son nom. La raison de cela était probablement l'intérêt du débiteur poursuivi, à être sûr du droit de celui qui le poursuivait, joint à ce qu'on ne regardait comme ayant un droit assuré que le premier porteur. Ce n'était pas, du reste, une particularité du style du Châtelet, ainsi qu'on peut le voir dans la *Somme rurale*, p. 641.

23. *Usage.* Nota que par l'usage de France se une femme qui est demourée vesve requiert son douaire estre assis, elle ne doit avoir aucuns arrérages fors ceulx qui escherront pendant le plait, ou cas toutesvoies qu'elle obtendroit.

Voy. les *Aliqua de Stylo Parlam.* § 12 et § 14.

24. *Arrièreban.* Nota que toutesfois que arrièreban si est, par l'usage de France touz nobles sont tenuz de y aler a leurs despens et aussy les non nobles ; mais les nobles tiennent que l'en ne peut fere crier arrereban devant que les mareschaux ou les connestables auront esté desconfis.

25. *De judice.* Nota que se un juge, comme balif, prevost, maire ou autre requiert un subget, il ne lui faut point de commission, car il est nottoire qu'il est tel ; une privée personne, si feroit.

26. *De execucionibus.* Nota que se aucun haut justicier a fait par ses sergents mettre la main ès biens d'aucun sien subgiet pour aucun cas et depuis un sergent [d'une justice] du Roy vient mettre la main du Roy en iceulx biens, le haut justicier s'en peut doloir en cas de nouvelleté contre le sergent ; et se ycellui sergent trait à garant son maistre, qui est une simple personne, et que il preigne la garantise pour lui, il [le maître] ne fait a oyr ne a recevoir a soustenir l'exploit ne chose qui soit fait, car il n'est pas légitime contraditeur se il ne se dit avoir justice au lieu ; et sera mis l'exploit au néant et la justice restituée. Et puis [cette restitution faite], cellui qui a prinse la garantise, [s'il] veult aucune chose demander, par accion si le face etc.

27. *De casu criminis.* Nota que se aucun est soupeçonnez d'au-

cun cas criminel et il soit absent et pour ce le Roy donne sa maison, icellui retourné, il se plaint au Roy en disant que pour son absence n'est il pas convaincu ne ataint du fait ne on n'a pas procédé à ban contre lui et pour ce n'a riens confisqué. Toutesvoies pour ce que aucuns sergens tiennent que par vertu de jurisdicion ordinaire l'on ne peut oster nouvelleté il est commis au prevost de Paris à lui fere raison sur ce. Et pour ce est commandé a un sergent qu'il se tiegne et garde en possession et saisine de son dit heritage et convient que ou cas que la partie ne demourroit en icellui hostel que l'en lui voise signiffier la où il demeure et se il s'oppose lui fère commandement que il viegne sur le lieu et là mettre les deux parties hors de l'ostel et prendre le débat et la chose contencieuse en la main du Roy et donner jour en cas d'opposition et de nouvelleté et de retraite.

28. *De consuetudine.* Nota que par l'usage et coustume de la prevosté et vicomté de Paris, puis que héritages sont venduz ou engaigiés a plus de x ans, les seigneurs en ont ventes; et se ilz sont venduz à vie il n'en ont riens pour ce que il n'y a riens certain, etc.

Voyez les *Aliqua de Stylo Parlamenti*, § 1, où nous avons expliqué le principe dont il est question dans ce nota. Seulement on remarquera que dans les *Aliqua de Stylo*, c'est à neuf ans, tandis qu'ici, c'est à dix ans qu'est fixé le délai.

29. *De appellacione.* Nota que non obstant que en cas d'appel uns homs soit exemps en touz cas de son seigneur, se par main souveraine il ou autre n'y est commis, pour ce n'est il mie que se cellui qui est exempt fait délit que le seigneur ne le puisse prendre ou fere prendre; si feroit en tel cas une simple personne, et le peut garder une nuit au plus sanz cognoistre du cas et admener au souverain pour en cognoistre. Et qui autrement le fait, il fait attemptat.

30. *Notable.* Nota que se un homme possede une chose réelle ou nom d'autrui ou par grace ou par courtoisie ou par crainte ou par communité, pour se ne [se] peut il dire saisi; mais les saiges dient que ce non obstant lui demourra la chose jusques a tant que l'en ait prouvé contre lui que il l'ait tenue on nom d'autrui ou comme dessus, pour ce que il n'est pas vray semblable que telz tenues ou communitez si s'entremettent si longuement sans estre dénonciées.

31, *De appellacionibus.* Nota que se iij personnès pardent contre un qui obtiegne et ait jugement pour lui, et ilz en appellent et font adjourner leur partie, à la journée leur est reprouchié que il n'y a que un adjournement et il y a iij appeaulx et iij causes, et parmi ce riens, dit a esté par parlement que ce sont iij appeaulx non poursuiz et pour ce ix livr. d'amende etc.

32. *De coustume.* Item par la coustume nottoire de la prevosté et vicomté de Paris lais ou don, qui n'est point causé, laissié ou donné à autrui estant en poeste, est propre acquest au père ou à la mère en quel garde il est etc.

Voy. *les Aliqua de Stylo Parlamenti*, § 2.

33. *De bannissement et forfaiture.* Nota que par l'usage du Chastellet de Paris se par informacion est aucun trouvé coulpables d'aucune navreure jusques à tant que le péril soit rapporté, le cas est criminel, et pour ce peut estre [le] coulpables mesmement adjourné en lieu saint (1) a iij jours sur paine de bannissement; et après sera appellé et crié par le crieur juré du Roy, banny par trois xiiij^aines et commencié la première quatorzaine xiiij jours après le dernier deffaut du greffe, et convient que elles se continuent (2), car autrement elles seroient a recommencier; et xiiij jours après le dernier cry fait, l'en peut prononcier en jugement le ban, pourveu touteffois que les deffaux seroient seellez et escrips et que il en appere et que le fait soit criminel; car se, pendant les criées, le péril de mort estoit rapporté le coulpable ne devroit que despens.

(1) En chaire.
(2) Qu'elles se fassent sans interruption.

34. *Notable.* Nota que se je conclus contre mon adversaire qu'il soit condempnez en cent livres, je conclus bien en xxv livres. *Quamvis non directe, tamen possum demonstrare quam minus in plus continetur.*

35. *Notable.* Nota que un advocat peut bien plaider par distribucion contre son compere, toutesvoies en cas civil.

Le compérage produisait, à cause du sacrement du baptême, des parentés spirituelles qui s'étendaient fort loin, et qui, à l'instar des parentés véritables, apportaient des entraves à l'exercice des actions criminelles entre compères.

36. *De obligacion.* Nota que se par vertu d'une obligacion du Chastellet l'en prent et met en cry et en vente mes héritages et après je me oblige ès foires, la debte des foires [de Champaigne] sera première paiée; et se l'obligacion que je dis estre de C[h]ampaigne estoit soubz le seel du Chastellet, elle ne seroit mie seulement receue à contribucion.

Quand même l'obligation aurait été passée sous le scel du Châtelet de Paris, elle serait primée par celle qui a été passée sous le scel des foires de Champagne, et celui qui serait créancier à raison de cette dernière, ne viendrait pas en ordre par contribution avec l'autre, mais serait payé d'abord. Les foires de Champagne avaient plusieurs grands priviléges, notamment celui-ci, que le marchand qui était créancier en vertu d'un contrat muni du scel des foires, pouvait obliger son débiteur à répondre à une action personnelle, intentée devant le tribunal spécial du *Maître des foires de Champagne.* Bouteiller cite ce dernier privilége (p. 137); mais il ne dit rien du privilége encore plus exorbitant dont parle ce 36e nota.

37. *Succession.* Nota que se, deux personnes conjointes ensemble par mariage, le survivant tient les biens an et jours après le trespassement du premier mort sanz fere inventoire avant partage ne division avecques les hériters, yceulx héritiers pevent demander communauté avant (1) le survivant de tout tant quil a, les diz an et jour passés; excepté son propre héritage et ce qu'il avoit conquesté avant qu'il se mariast. Et se yceulx héritiers ne vouloient attendre l'an et le jour passés et ilz trouvoient deffaut ou vaillant (2) du deffunct, se ilz estoient de bonne renommée ils seroient creuz du vaillant etc.

(1) *Avant*, lisez *avec*.
(2) S'ils trouvaient du déficit dans les biens laissés par le défunt et que, par conséquent, ils accusassent le survivant d'en avoir détourné quelque chose.

Conf. l'anc. cout. de Paris, art. 118.

38. *Usaige.* Nota que en touz cas civilz, soit de contraux, de jurer de convenance ou autrement, clercs non mariez sont tenuz de respondre devant la laye justice s'ils y sont aprouchiez non obstant qu'il n'y ait point de garde enfrainte ne port d'armes.

Ainsy a il esté jugié par messire Guillaume Scaise et prononcé en parlement.

Cet article est en contradiction avec l'art. 2.

39. *Coustume.* Nota que par la coustume de France une femme noble si est quitte de toutes les debtes de son mary en quoy elle fut oncques obligiée se à la foce elle renonce aux meubles et aux debtes. Car se elle [ne] renonce aux conquests, oil; par ce que le mary si forfait les conquests quand il se forfait, et aussy peut il estre submis (1). *Queritur utrum* se une femme bourgeoise espouse un chevalier, se d'elle il peut estre ainsy, son mary trespassé. *Respondetur quod non*, etc.

(1) Il faut lire, ce nous semble, « Et aussy peut la veuve y estre sub-
« mise ». Pour renoncer à la communauté, la veuve devait déposer sa
ceinture, sa bourse et les clefs de la maison conjugale sur une image de
son mari ou sur sa fosse, le jour des funérailles, en prononçant cette formule ou une autre équivalente : « Je renonce à tous les biens meubles et
« à toutes les dettes de monseigneur, et à tous les biens quelconques que
« monseigneur et moi avons acquis ensemble, mon douaire excepté ».

40. *Des aubins.* Nota que espaves, bastars, gens qui n'ont maisons leurs, sont appellez aubains et ne pevent décliner en cas personel devant le juge subgiet.

Le premier moyen par lequel un défendeur cherchait à repousser la demande intentée contre lui, était d'invoquer l'exception d'incompétence du juge, fondée sur ce qu'il avait son domicile dans la juridiction d'un autre seigneur. D'après ce 40e nota, les personnes qui y sont désignées, étaient incapables d'opposer ce moyen.

41. *Usaige.* Nota que se un clerc marié ou à marier porte armes, les armes sont acquises a la basse justice et la demande ne sera point, pour ce faicte, de port d'armes, rendu[e] à l'official.

42. *Larrecin.* Nota que en cas de dépost ou de avoir reçu aucune chose de son maistre, et en plusieurs autres cas semblablement, se cellui qui a receu les diz deniers les nie, le civil devient criminel, et du ny naist le larcin, se depuis il est prouvé.

43. *D'arrest en personne.* Nota que se aucun prisonnier pour cas civil fait adjourner sa partie à veoir sa délivrance et obtient contre ycelle partie un deffaut, par vertu d'icellui deffaut il

gaigne sa cause tant que l'arrest sera osté de sa personne et délivré [sera] de prison ; mais il ne tendra pas à dommage ne a despens se il n'y a iiij deffaux.

44. Nota que se plusieurs enfans qui ont plusieurs tuteurs ou c[u]rateurs deviennent aagiez, ilz pevent demander compte à cellui qui mains aura gouverné du leur ; mais il (1) doit, la chose entière, fere adjourner les autres en cas de dénonciacion.

(1) Ce dernier.

45. *Douaire.* Nota que les clers tiennent que supposé que une femme marié si pèche en la loy et de son mariage que pour ce elle ne pert pas son douaire, [s]e c[e n]'est que pour celle cause séparacion si en soit intervenue à la court de l'église.

Conf. les *Aliqua de Stylo Parlamenti*, § 18.

46. *Succession.* Nota que se aucuns mariez font aucuns conquests et n'ont aucuns enfans de mariage, l'un face son testament ou que il ordonne de touz ses meubles et conquests et puis trespasse ; pour ce que il est trespassé sanz hoir de son corps, dedens l'an un autre héritier se fait tenir et garder en possession des meubles etc. poursuient (2) à fin de saisine ; de par les diz exécuteurs est dit contre, que il loist à un chacun de ordonner de ses meubles en sa derreine volenté et ainsy ne fait a recevoir à venir avant par voie de saisine. *Aliud est* aux conquests immeubles. Et ce tiennent Praelle, Saint Germain et Chatou.

(2) Poursuivant.

L'exécuteur testamentaire était saisi avant l'héritier de la possession des biens meubles du défunt pendant un an et un jour, mais non de celle des biens immeubles. (Voy. les *Aliqua de Stylo*, p. 14).

Il ne faut pas croire que Presles, Saint-Germain et Chatou, fussent les seuls lieux de la prévôté de Paris où ce principe fût usité. Probablement l'auteur des *Notables* ne les mentionne spécialement que parce qu'il connaissait des arrêts qui avaient appliqué cette règle à des immeubles situés dans ces trois endroits.

47. *Gaige de bataille.* Nota que, en gaige de bataille, *reus* peut bien estre eslargiz à plain jusques en décision de cause et si peut bien estre receuz par procureur en la cause. Et à respondre aux arrests accort (3), *in omnibus istis, secùs* ; et faut que il res-

ponde aux articles en personne, et est necessité en ce cas et
aussy en cas d'asseurement d'estre à la prononciation de la sentence.

(3) A la cour.

Asseurement, « La seconde manière, dit Beaumanoir (chap. 59),
« comment guerre faut (finit), si est par asseurement; si comme quant
li sires contraint les parties chevetaignes à asseurer li un l'autre. » Cùm
dominus feudi [præcipuis] litigantibus imperat ut sibi invicem de secu-
ritate fidem præstent (Du Cange.).

48. *Usaige.* Nota que un sergent est creu d'un simple adjornement, mais il n'est point creu de chose qui emporte décision
de cause etc.

49. *Arrest.* Nota que quant aucuns biens sont arrestez par
vertu de la bourgoisie, par vertu de deux deffaux souffisam-
ment impétrés l'on peut fere vendre les biens arrestez en faisant
savoir la vente à partie à viii jours de requeusse, etc.

Les mots : *par vertu de bourgeoisie*, sont une allusion au privilége
dont nous avons fait mention ci-dessus sous le n° 5.

50. *Coustume.* Nota que par la coustume de France une femme
est douée de douaire taisible acoustumé de la moitié de toute
l'eschoiste, succession ou descendue que lui vient (1) et peut
venir de droite ligne si comme de père et de mère, d'ayeul,
d'ayeulle et au dessus etc.

(1) Lisez : *Qui vient à son mari.*—Voy. *Cout. de Paris*, art. 248.

51. *De consuetudine.* Nota que par la coustume de la ville de
Paris, l'omme marié bourgois et non noble demourant en la ville
de Paris a la garde de ses enfans et [de] leurs biens après la mort
de sa femme sanz donner caution fors de lui iceulx inventorie[r],
puis qu'il soit de bon nom, non dissipeur mesmement puis que
il possède asés immeubles; et se il n'estoit de bon nom et [non]
dissipeur, il n'en auroit point (2). Et se la femme survivoit et
après se mariast, encores elle auroit-elle la garde; mais au [se-
cond] mary conviendroit-il que il donnast caution pour ce qu'il
seroit tout étrange.

(2) C'est-à-dire qu'il prouvera qu'il est de bon nom et non dissipeur en
montrant qu'il n'a point dissipé les immeubles qu'il avait.

52. *De testimoniis*. Nota que l'on doit veoir les tesmoins jurer sur reprouches car l'en les peut [alors] contredire pour tenir en jugement et non pas par escript.

53. *Usaige*. Nota que se aucun prent à cens une maison par la forme commune et par faisant général obligacion et par certaine amende ; et depuis ce, icellui preneur ne voit son prouffit à la plus tenir, renoncer y peut par paiant l'admendement et aussi les arrérages tant aux bailleurs come aux censiers. Mais se en prenant ycelle maison le preneur promet à icellui bailleur à fournir et fere valoir perpétuellement la rente en et sur touz ses biens et tenir ycelle maison en estat et à certain amendement, en ces cas il ne peut renoncer, par l'usage et coustume de Paris ; et [se] le preneur l'avoit promisse à tenir en bon estat et souffisant et que plus ne feust dit, encores il pourroit renoncer : mais [pourvu] que par le fait du preneur la maison ne feust encores démolie, car tenir en estat c'est à dire tant come on est propriétaire. Encores se preneur avoit prins une maison en forme commune et par promesse de certain amendement et par baillant certain contre plege de la rente en quoy il la prent, par payant les arrerages et l'amendement et par renonçant au contre plege, mais que il soit tenuz du contre plege aussy franc comme il l'oblige, par les diz usage et coustume, peut bien renoncer.

54. *Cas de délit.* Nota que de droit et aussy par les ordonnances royaulx, en cas de délit ou de crime estas n'ont aucune vertu se ilz ne font du fait aucune mencion.

Estas est mis là pour *Statuts*, *Statuta*. Cet article revient à dire : Il n'y a de faits punissables que ceux qui sont prévus et réprimés par les lois.

55. *Saisine et poss*. Nota que se aucun se fait tenir et garder en possession et saisine d'aucun héritage en la présence des gens de son adverse partie qui en riens ne s'opposent, icellui adversaire (1) dedens an et jour peut bien fere convenir sa partie pour apporter les arremens qu'il a de nouvel impétrés et qui de nouvel sont venuz à sa cognoissance afin que ilz soient exhibez et pour soy opposer à toutes fins ; et, au cas que je ne voudré iceulx monstrer, requerre que tout soit mis au néant.

(1) Celui contre qui l'autre s'est fait mettre en saisine.

56. *Coustume*. Nota que par coustume toutes nottoires aucun

ne peut avoir entrée, issue, glasouer (1) ne esvier sur autruy se il n'a tiltre.

(1) Glace, verre, droit de vue ?

Voy. les *Aliqua de Stylo Parl.*, § 4.

57. *De falsa moneta*. Nota que se à la court d'un hault justicier subgiet, a un prisonnier pour cause de acheter et mettre fauce monnoye, lequel [haut justicier] n'a pas cognoissance de la fabrication et il viegne à la cognoissance d'un justicier royal, si comme seroit le prevost, le quel l'envoye quérir pour parler à lui de son office, adont le haut justicier subgiet doit fere mener le sergent du prévost de Paris devant la prison et fere getter les clefs à terre et dire après ce que le sergent aura prins le prisonnier : Je me oppose à la prinse en tant come touche la marchandise de la monnoye et non mie en tant comme touche la fabrication.

58. *Usaige et coustume*. Nota que par l'usage et coustume de court laye un moyen justicier n'a que lx sols d'amende.

59. *Louage de maison. Usage et coustume*. Nota que par l'usage et coustume de Paris, se une personne loue une maison un an ou deux d'un autre et depuis le louage feni et passé il demeure en ladicte maison jusques à la saint Pere qui est après la saint Jehan sans l'avoir retenue ne louée de nouvel, par le dit usage et coustume, taisiblement il a retenue et acceptée la dicte maison pour autel pris comme il l'avoit par avant, supposé que il n'y eust nouvel marchié. Et se il s'en vouloit aler et rendre la clef après la dicte saint Pere, il faudroit que il laissast garnison en la dicte maison pour toute l'année ou qu'il paiast le loyer.

Disposition qui ne fut pas écrite dans les coutumes de Paris du XVIᵉ siècle, et qui, conservée par l'usage, se retrouve à peu près dans l'article 1759 de notre code civil. La St-Jean est le 24 juin, et la St-Pierre, le 29.

60. *Cas de propriété*. Nota que en cas de propriété soit en fief ou en vilenaige, il faut fere adjourner hors huitaine et dedens quinzaine etc.

61. *Cas d'asseurement des clers*. Nota que se un lay fait semondre un clerc en cas d'asseurement et icellui clerc décline, il

ne sera pas mené par un sergent devant l'official pour donner asseurement se il ne l'avoit escript sur lui ; mais se le clerc avoit aussy fait semondre le lay en cas d'asseurement, ainsi comme il [le lay] auroit esté, il [le clerc] y seroit mené supposé que il declinast.

62. *De fiefz.* Nota que se aucun a fief soubz le quel ait iiij ou v fiefz qui soient, à icellui, arrière fiefz et il advient que ceulx qui tiennent iceulx arrière fiefz meurent et les hoirs ou aians cause ne viennent fère leur devoir, il loist audit seigneur de mettre sa main à iceulx fiefz et de les tenir autant sanz vassal comme ilz auront esté tenuz sanz seigneur.

63. *D'arrest en fiefs.* Nota que qui brise un arrest en cas de fief puisque le seigneur du fief soit hault justicier et que la chose soit sur le pié doit amende de lx livres et restituer, et se la chose est copée et à meubles doit lx sols et restituer.

64. *De feodis.* Item nulz ne peut arrester meuble venu de fief s'il n'est hault justicier.

65. *De feodis.* Nota quant il est débat entre deux seigneurs d'une haulte justice en cas de nouvelleté l'on ne baille la ré-créance (1) ne à l'un ne à l'autre par l'usage de court de laye toute notoire, mais par souveraine main l'en y établist un com-missaire , etc.

(1) Possession provisoire.

66. *Notable.* Item quant il est question d'une justice, l'un et l'autre des justiciers si sont forclos de requerre leurs hostes ; et qui le fait, le doit amender comme de attemptat.

67. *De obligacione.* Nota que aucuns tiennent que l'obligacion faicte em prison est loisible, car l'en [n']y peut noter force.

68. *Notable.* Nota que se aucun espouse une femme qu['] i[l] saiche bien qui ait esté cogneue d'omme, il ne peut estre réputé pour clerc et sur ce débat se meut (1) , la cognoissance de la dé-clinatoire sera ventilée devant l'official.

(2) De quo contentionem si moveat ille.

69. *Usaige.* Nota que par l'usage et stille du Chastellet l'en est tenuz de eslire son domicile dedans la ville de Paris en cas d'arrest.

70. *De louage de maison.* Item nota que se un propriétaire d'une maison la baille à louage à iij ans par lettres et après tantost il la vent ou baille à cens perpetuelment taisant le dit

5

louage nonobstaut icellui louage le conducteur sera tenuz de
vuider ne ne sera pas receuz à opposition pour ce que il n'est
pas légitime conducteur, mais il aura garant à cellui qui lui
bailla, si peut avant qu'il parte (1). Et se le vendeur ne le veult
garantir, icelle maison vuidé, il aura son ypothèque directement
sur la dicte maison pour ses intérests ; etc.

(1) Et il tâchera de l'appeler en garantie avant de vider les lieux.

Cette décision rigoureuse à l'égard du locataire ou fermier, est empruntée aux lois romaines. La règle est tout opposée dans le code civil.
(Art. 1743).

71, 72, 73, 74 et 75. Ces cinq articles sont la reproduction presque
littérale des articles 65, 66, 67, 68 et 69. Le copiste s'en est aperçu,
et en marge des 71ᵉ, 72ᵉ, 74ᵉ et 75ᵉ, il a mis le mot *Alibi*. Le 7 3 ne
porte point cette indication marginale d'*Alibi*, probablement parce que
seul, il diffère un peu de l'article qui lui correspond (le 67ᵉ). Voici
comment il est conçu :

Nota. Que l'obligation faicte emprison royal aucuns tiennent qu'elle
est loisible, car l'en n'y peut noter force.

76. *De inventoire.* Nota que après an et jour passé, un héritier ne peut fere fere inventoire des biens qui furent à son prédécesseur, mais il peut aler par voye d'arrest et après requerre
inventoire et partage.

77. *De feodis.* Nota que se un noble ou bourgois est en foy
et hommage d'aucun héritage qui soit à sa femme et il trespasse,
sa femme après le trespassement joïst sanz aler en foy vers son
seigneur ne le seigneur n'assigne point quant ad ce cas au fié; la
dame n'en est en riens tenue considé[ré] qu'elle ne succède pas
en droit d'autrui car c'est son propre héritage ; mais se estoit
une personne estrange, le seigneur tendroit autant [sans] vaisselle (1) comme la vaisselle auroit tenu sans seigneur ou elle res-
tituroit ce qu'elle auroit levé etc.

(1) Vassalle.

78. *De clercs ; de obligacionibus litterarum,* etc. Nota que se
aucun est obligié soubz son scel privé à aucune personne, soyent
clercs ou lays, après le terme passé il loist au créancier à fère
convenir son debteur à cognoissance ou nyer son scel et en accion ypothèque ; et se il décline en la personelle et en l'ipothèque

et il a aucuns heritaiges en la terre du roy ou autre territoire dont la court ne soit pas requise, toute la cognoissance demourra devers le roy : c'est assavoir ou Chastellet de Paris. Et ainsy a-il esté jugié contre saint Mor et contre Malenoe, etc.

79. *Notable.* Nota que se aucun vent l'éritage de sa femme et en icellui vendant il la promet d'autant à recompenser du sien ou autant à lui en acheter, la récompense ainsi freschement en vendant faicte, si est bonne ; mais se à viij ou x ans après, lui promettoit, celle promesse ne vaudroit ou préjudice de ses héritiers puis qu'elle n'auroit esté faicte au commencement.

Il aurait fallu dire : Au préjudice des héritiers du mari et des créanciers de la communauté. Voyez sur cette matière, l'analogie que présente le Code civil, art. 1435.

80. *Privilége.* Nota que veu le privilége des bourgois et habitans, en la ville de Paris on peut fère crier une maison supposé qu'elle n'est pas esté vidé par un an ; mais souffist qu'elle soit vuidé. Et ainsi a-il esté déclaré par le collége ou Chastellet de Paris.

Le collége dont il est ici question, est la réunion de bourgeois formée pour donner leur avis sur l'existence d'une coutume et composant une *tourbe.* On a cité plus haut (*Aliqua de Stylo*, p. 25) un exemple de tourbe tenue au Châtelet en 1372.

81. *Privilége.* Nota que se aucun est tenuz à un autre pour louaige de maison ou pour vente de vin vendu en Grève sans jour et sans terme, ce sont deux debtes privilégiez ; mais se le créancier en prend obligacion et donne terme, dès lors il se départ du privilége et est sa debte commune et ordinaire ne ne seroit pas paiée avant autres debtes.

82. Nota que qui est obligié à tenir prison sans cas privilégié doit ystre par cession [de ses biens].

83. *Cas civil.* Nota que pour aucun cas civil ne se peut obligacion à terme si comme pour debte de revenir à certain jour sur paine d'estre banniz.

84. *Usage et coustume.* Nota que par l'usage et coustume de la ville de Paris meubles et conquests retournent à père et à mère avant que à seurs et à frères, etc.

85. *Forfaiture.* Nota que se aucun se forfait qui soit vassal,

5.

pour ce n'en eschiet riens à son seigneur se il n'est haut justicier ; et s'il ne l'est, cellui qui est par dessus lui l'aura.

Se forfait, c'est-à-dire, commet un délit. C'étaient les delits graves
dont la connoissance et la répression appartenaient exclusivement au
seigneur haut-justicier. Voy. Ducange, au mot *forefacta magna*. Un
des §§ qui suivent (le 91ᵉ) explique, du reste, celui-ci.

86. *De clers*. Nota que de raison commune clers et lays si
pevent aproucher un chacun à la court à l'official jusques à tant
que défense leur sera faicte de la laye justice.

87. *De succession*. Nota que se un homs se marie et ait enfans de ce mariage et sa femme muert, se depuis il se marie touz
les biens demeurent communs par l'usage et coustume de Paris ;
et doivent fere iij parties, c'est assavoir le père l'une, les enfans l'autre et la mère ijᵉ (1) l'autre, soit peu ou assez que elle
ait apporté, se elle s'i est boutée sanz avoir fait fere inventoire
au pere de ses fillastres. Et s'en peut dire chacune partie saisie
de tierce partie , etc.

(1) La seconde mère.

88. *De execucion.* Nota que en la prévosté de Paris et ou ressort, nul sergent à cheval ne peut fere exécucion ne arrest, soit
en cas de nouvelleté ou autrement, s'il n'appelle le sergent ou
maire du hault justicier, par usage et commune observance tenue
et gardée ou dit chastellet et en la terre des haux justiciers.

Voy. les *Aliqua de Stylo Parl.* § 5.

89. *De propriété*. Nota que par l'usage et commune observance de France et spécialement de la prévosté et viconté de
Paris usufructuaire[s] gardent et conservent la saisine aux pro-
priétai[res].

90. *De prouver*. Nota que en cas de garnir ou de quitter (1)
si a [le créancier qui poursuit le tiers détenteur] moult fort
prouve à fère, c'est assavoir que il faut que il prouve que son
droit soit premier ; et se le *reus* est malicieux, que il ne mist
nulles lettres en forme de preuve, trop fort seroit à l'acteur que

(1) C'est-à-dire de payer la dette ou de délaisser l'immeuble à icelle
hypothéquée.

bonnement il peust fère prouve en sa [faveur] (2). Et pour ce
tient-on d'usaige et stille maintenu ou Chastellet que [se] *reus*
nyoit une demande simplement afin de garnir ou de quitter, il
n'y seroit pas reçeuz ; mais faut de droitte nessessité que il
maintiengne avoir son droit avant, ou l'en fera à l'acteur ce qu'il
demande et requiert. Et pour ce se l'acteur est saiges, après la
défense du *reus* il doit prendre escript et scellé que il dist que
il est avant acteur, après pour le mettre en proès.

(2) Le texte porte ici non pas le mot *faveur*, mais les lettres *men* sur-
montées d'un trait d'abréviation: c'est un mot que nous n'avons pu lire.

91. *De judice.* Nota que un haut justicier par raison et par
la coustume de court laye, si a la confiscacion de murtre et de
traing (1), encores quant il est justicier pour autre justice que
la sienne. Le moyen justicier pour cause de larrecin ou larron-
nesse à confisquacion ; et se devise en deux parties en jurisdicion foncière, et de meubles et de chasteulx.

(3) Trahison.

Voy. ci-dessus, N° 85.

92. *De execucione.* Nota que se a la requeste d'aucun créancier et après le terme passé l'en le fait exécuter sur certain debteur, lequel supposé pourquoy (1) les biens du debteur sont mis
en garde en un hostel où qu'ilz soient ars et les biens d'icellui
hostel, par cas de fortune, pendant le plait ; et depuis le debteur est condempné, *queritur* à qui sera le dommage, au debteur, ou au créancier ou au gardien? Les sages dient au debteur ; car le créancier n'en eut oncques la seigneurie, car par
l'occupacion du debteur furent si longuement laissiez ; mais se
le créancier eust eu la seigneurie de[s] biens ou s'il eust perdu
la cause, *aliud esset.*

(1) In quemdam debitorem, supposito quod propter hoc bona debitoris, etc.

93. *De opposicione.* Nota que se une opposicion est faicte sur
le lieu contentieux, la partie du *reus* doit avoir delibéracion
pour savoir a (1) son maistre *si ita sit* ; et si aura veue après
garand se les ..en.. (2) ne sont en l'adjournement ou ou rapport.

(1) Lisez : pour savoir *de* son maistre.
(2) Mot effacé.

94. *Usage.* Nota que par l'usage de court laye, en cas civil femme nulle, mariée ne autre, doit tenir prison pour quelque cas que ce soit, excepté Champaigne ; tant [seulement, qu'elle] soit oblgiée de garder et commander par foy et par serment ou autrement.

· Voy. la *Somme Rurale,* p. 711.

95. *De obligacione.* Item que nul ne se peut obligier à morir, c'est à dire que se aucun jure que ne veult estre receu à abandonnement , mais que ce ne soit gardé et commandé, si sera-il mis hors par habandonnement ne le serment ne lui nuyra point.

96. *De baillif.* Item il loist à un baillif de reserver et retenir par devers lui tele cause comme il veult, qui soit devant son prévost commencée ou à commencer, mais que le bailli et le prévost soient à un seigneur.

97. *Usage.* Nota que par l'usage et commune observance ou royaume de France et de droit commun il loist aux héritiers d'un trespassé requerre contre les exécuteurs d'avoir le testament pour lui acomplir et le auront par baillant caucion etc.

Voy. les *Aliqua de Stylo Parl.* § 3.

98. *Notable.* Nota que aucun ne peut estre justicié, tant soit le fait notable et nottoire, s'il ne fait confession ou licontestation qui après soit prouvée par sa confession ou autrement.

99. Nota que contre un héritier l'en peut bien notter accion personnelle et ypotheque et précède la persone[lle] l'ipothèque. Et se devise la personnelle en tant de parties comme il y a de héritiers ; l'ipothèque ne se divise point, mais peut l'en conclurre ypothéquairement et ectuelment tant sur les héritaiges de l['h]oir comme de ses oblig[és] et l'éritier peut bien demander garant sur l'ypothèque ; toutes voies, à fere la conclusion : ypothèque dessus donnée, l'en doit dire que son entencion n'est fors d'estre une fois paiez.

100. *De feodis.* Nota que la coustume des fiefs là où les héritaiges viennent aux enfants nez du premier mariage et de la première bénisson si est vraye entre les nobles personnes en tant comme touche les femmes.

101. *De feodis.* Item et se un bourgois et une bourgoise ont la garde [de leurs enfants] et de leurs fiefs pour ce ne paient-ilz point leurs debtes car ils ne font point les meubles leurs se ilz ne feussent nobles personnes ; [mais il faudrait qu'] ils paiassent les debtes se [étant nobles] ils feissent les meubles leurs.

Comparez cet article avec le 125e, et voyez à ce sujet ce qui est dit ci-dessus, p. 41.

102. *De garde*. Item gens de poeste se rendent compte des usufruis de villenage quant ilz ont eu aucune garde si tost que les enfans ont passé xiiij ans et I jour.

103. *De feodis*. Item la coustume de fiefs suppose que un no-bles ou non noble si se marie deux fois ou plus et ait de cha-cun des mariages des enfans mâles et femelles, quant le père yra de vie à trespassement il n'y aura du costé et de la succes-sion que une aignesse (1) : mais en tant comme touche le douaire de seconde femme ou troisième en icelui douaire en fief quant la dame ou damoiselle sera morte le [premier] mâle d'icellui mariage [aura droit] en aignesse.

(1) Qu'un seul droit d'aînesse à prendre.

104. *Defeodis*. Item en la coustume des fiefs là ou l'on dit que les enfans de la première bénéisson si emportent l'éritage, ce n'est à entendre, par la coustume de fief, que du costé de par la mère de la première bénéisson et non pas du costé du père, car de par le père les enfants du premier mariage et du second ou plus, si, viennent à la succession et héritage d'icellui père et par une seule *aingnesse*. *Secus est* de par la mère, mais ceulx du second mariage si ont les meubles et conquests et leur por-cion de l'éritage leur père.

105. *De feodis*. Item par la coustume de fiefs le filz mâle fran-chist, une fois, en leur premier mariage, toutes ses seurs, sup-posé que il feust encores ou bers ou gens de poeste, car pour les personnes ne pert point le fief sa noblesse ; et s'il estoit ainsy, que aucun eust espousé une damoiselle et puis mourut, et elle feust mariée ailleurs, son derrenier mary ne racheterait pas pour-tant que le premier ne feust oncques en foy, etc.

Le fils, ou, s'il y en a plusieurs, l'aîné des fils prête foi et hommage au seigneur, au nom des autres enfants, pour tous les fiefs de la succes-sion ; il devient vassal du seigneur pour tous ses frères et sœurs ; ses sœurs, par conséquent, peuvent se marier sans que leurs maris soient tenus de payer les droits de relief, puisqu'il n'y a pas de mutation. La plupart des coutumes admettent cette règle favorable aux femmes et au mariage, mais avec une limite : elles ne l'admettent que pour le premier mariage (*Cout. de Paris*, art. 35 et 36 ; et voy. de Laurière, *Comment.*, t. 1, p. 99). Cela a lieu, que le frère soit baron ou roturier ; car les fiefs conservent leur qualité noble et leurs règles ordinaires, même alors qu'ils sont possédés par des roturiers; seulement, ces règles ne sont point exécutées tant que dure une telle possession. En effet, le mariage faisant tomber le fief de la femme en la possession du mari, devrait toujours opérer mutation; mais il n'en est pas ainsi quand le mari est roturier, parce qu'il ne peut entrer en la foi et hommage du seigneur : alors, c'est à son second mariage que cette femme pourra profiter de la présence de son frère.

106. *De feodis.* Item garde ne doit ne rachat ne finance; bail si est par la coutume des fiefs, entre personnes aagiées (1) soit filz ou filles. Ilz ne doivent en droite ligne ne rachat ne finance, et s'il advient qu'il chi[è]ent en bail de frère ou de seurs, rachat y a par la coustume des fiefs. Et se plusieurs enfans y a, malles ou femelles, et nul n'est aagié que une pucelle, elle entrera en foy de son seigneur pour le tout, sans avoir bail et se portera héritière pour le tout, sans nul rachat; et si ne la pourra le seigneur refuser, et quant les enfans seront aagiez, ils se porteront héritiers et entreront en la foy de leur porcion sans nulle finance par la coustume de France.

(1) Ayant atteint la majorité féodale.

Voy. les *Aliqua de Stolo Parl.*, notes du § 7.

107. *De feodis.* Item, par la coustume de France, en cas de fief, le mâle n'est aagié pour tenir fief se il n'a xx ans passez et la fille xiiij ans, se ce n'est que le roy notre sire le feist par don d'aage.

108. *Notable.* Nota que la différence qui est entre assiete de rente et de terre, si est que quarante livres de terre valent cinquante livres de rente.

109. *De suscessione.* Nota que il n'est nulz religieux qui puisse succéder, supposé qu'il ait dispensacion.

C'est-à-dire, quand même ils auraient, par exception, la permission de posséder quelque chose en propre. On en voit plus loin un exemple dans le § 133.

110. *De feodis.* Nota que par la coustume des fiefs, supposé
que un fief soit à aucun non noble, se l'un des mariez muert,
soit noble ou non noble, pour occasion de laquelle mort garde
ou bail y chée, pour ce que il ne s'en charge qui ne veult par la
dite coustume, il faut qu'il rende la garde ou le bail franc ; et
s'il advient que nul ne se vousist charger pour tant qu'il y eust
trop de debtes par quoy il fausist que tuteurs et curateurs feussent donnez, le seigneur mettroit la main au fief par défaut
d'omme jusques à tant que ilz feussent aagiez, si ce n'estoit que
ilz preissent le bail par justice et par inventoire au prouffit des
mineurs, etc.

111. *Notable.* Nota que il est de coustume que se aucun treuve
trésor en la terre du roy ou d'aucun haut justicier, que il est
au haut justicier ; combien que de droit la moitié soit au trouvant
et l'autre moitié à cellui en quel fons il est trouvez, etc.

112. *De molendinis.* Item par la coustume des molins ban-
niers, quiconque a molin bannier, il peut prendre le cheval et le
blé de son moulin et à lui acquis, et le peut prendre sur quelconque terre de haut justicier sans mezprendre, mais en signe
qu'i[l] n'a point de haute justice au lieu, il fera restitucion par
signe.

Le seigneur qui a un moulin bannier peut saisir sur toute terre autre
que la sienne, le blé que ses vassaux y auraient porté, et les chevaux et voi-
tures dont ils se seraient servis pour cela ; mais il devra faire et signer une
déclaration de son intention de ne pas empiéter par là sur les droits de
justice de celui en la seigneurie du quel cette saisie aura été faite.

113. *De custodia puerorum.* Item il y a grant différence entre
la garde de enfans à gens nobles et les enfans à gens de poeste ;
car la garde des nobles, si [on] la rent toute franche ; et la garde
poesté non, primo pour la noblesse, ii° pour ce qu'ilz ne font
pas les meubles leurs. Aucunes coustumes dient que soyent nobles ou non, se pour cause de la garde, ilz tiennent fief que ilz
doivent rendre la garde franche pour ce qui ne s'en charge pas
qui ne veult.

Voy. les *Aliqua de Stylo*, § 7.

114. *De feodis.* Item par l'usage des fiefs puis que aucuns mariez ont aucuns fiefs des quelx le mary soit en foy et hommage et
si paie cheval de service, se après le mary muert, la femme

prengne la garde ou aucuns des autres prouchains le bail , par
l'usage et coustume des fiefz , ilz ne doivent point de cheval
service, car gardien ou bailleur ne doivent point de cheval service, et aussy n'en pevent-ilz point demander par la coustume.
Roumain tient le contraire : que tant de vassaulx , tant de che-
vaulx ; mais, supposé que cellui qui demande le cheval de service ait la ou bail il n'aura point de cheval de service , car ,
gardien ou bailleur ne pevent demander ou avoir par la coustume des fiefs cheval de service, si comme il dit , etc.

Romain. Plusieurs légistes du moyen âge portèrent ce nom, mais
ils ne sont connus que par des travaux sur le droit canonique, excepté
Ludovicus Romanus, mort en 1439, au concile de Bâle, et dont on a des
commentaires sur le Code et le Digeste, et un recueil de *Singularia,*
Concilia et repetitiones.

115. *De feodis.* Item par la coustume de France [fils ni] filles
n'ont point daventaige l'un plus que l'autre fors que du maistre
manoir, etc.

116. *De feodis.* Item que se pluseurs frères et seurs sont qui
ont pluseurs fiefs et n'ont ne père ne mère, se l'aisné muert et ses
autres frères sont pupilles et maindres d'aage, ilz partiront teste
à teste, tant filz comme filles , et se les filz maisnez ilz auront le
fief (1) de leur aisné frère, sanz ce que les ilz aient riens.

(1) Dans le manuscrit, ces mots : *le fief,* se trouvent répétés deux fois
de suite ; toute cette fin d'article nous paraît mal copiée par le scribe et
fort obscure. Voici, probablement, le sens : les frères et sœurs partageront
également les biens de leur frère décédé, à la réserve des fiefs qui appartien-
dront aux mâles sans que les filles y aient rien. Cfr. Cout. de Paris de 1510,
art. 147 à 149.

117. *Coustume.* Item par la coustume de France aineesse n'a
lieu fort que en droite ligne , si comme de pere ou de mere ou
d'aieul ou d'aieulle ; autrement, non.

118. *Coustume.* Item par l'usage et coustume de court laye ,
quiconque eslit en une cause domicile , icellui domicile dure
en toute ceste cause pour fere toutes manières d'adjornemens ,
tant en la cause ordinaire comme d'appel. Toutes voies en une
mesme jurisdiction [et] seigneurie , si comme seroit en la terre
du seigneur de Montmorency, qui est à prevost et à baillif, et (1)
le domicile qui a esté eslu en la court du prevost a lieu en appel

(1) *Et* pour *aussi.*

devant le baillif. *Aliud esset* du prévost de Paris en parlement.

119. *D'office de sergent.* Item un sergent de Chastellet peut bien fère un adjornement valable par toute la ville de Paris, mais il ne peut fère adjournement valable en la terre d'un hault justicier si comme saint Martin ou saint Magloire, pour respondre devant les autres justiciers si comme devant le prévost de Corbueil; mais faut qu'il soit fait devant par haut justicier.

Voy. les *Aliqua de Stylo Parl.*, §§ 5 et 6, et ci-dessus n. 88.

120. *Notable.* Item se une femme a douaire sur aucune chose réelle, et avant que les fruis soient bons à cueillir, elle meurt, et sans ce que iceulx fruis soient venuz à meurté ne coppez, ses parens en ceste partie n'y auront nul prouffit; mais se c'estoit rente en deniers, les parens en auroient, pour leur porcion, de l'anné ce qu'il appartendra, et si y est la différance.

Voy. les *Aliqua de Stylo Parl.*, § 13.

121. *De feodis.* Item par la coustume des fiefs les seigneurs féodaulx peuvent avoir les fiefs mouvans d'eulx, quant leurs vassaulx les ont venduz et se sont desmis de la foy, pour autel pris comme son vassal les auroit venduz; mais que le marchié meuve tout du seigneur et sanz ce que le vassal s'en puisse doloir.

122. *De retrait.* Item se un demandeur en cas de retrait deffaille de monstrer la bourse en aucun estat de sa cause, il déchiet de retrait par l'usage de court laye, nonobstant que il feust dedans l'an et que il eust assez temps encores et que il s'en aydast par voie de interrupsion et d'absolucion d'instance.

123. *De feodis.* Item le seigneur féodal qui n'est pas hault justicier ne peut arrester sur le mouvant de lui blef soit farine ne grain se il n'est en racine, se ce n'est pour le fons; car pour sa rente il ne peut prendre les meubles de son vassal, se il ne lui est obligiez ne arrester; le haut justicier le peut bien fere par la coustume des fiefs.

124. *Notable.* Item quiconques est nobles et a chastel, chastellerie et ressort, il peut bien fere pour son fait procureur soubz son seel valablement.

Voy. les *Aliqua de Stylo Parl.*, § 10.

125. *De garde.* Item par la coustume le pere et la mere d'enf-

fent de poeste, ont la garde d'iceulx av[ec] les fruis d'iceulx et
les font leurs, etc.

Voy. l'art. 101.

126. *De judic.* Nota que par l'usage et coustume de France et
par les ordonnances royaux toutes debtes que gens justiciers
doivent sont extains et ne peut-on fere accion ypotheque excepté
de privilège.

127. *Transport.* Nota que se aucun baille une obligacion à un
autre par transport pour paiement ou solucion d'aucune chose
qui lui doie, et icelle obligacion soit fauce, et cellui à qui elle
est baillée en requiert exécucion, elle sera réputée pour torcio-
niaire et l'amendera; ne il n'aura pas garant par deux raisons,
l'une car quiconques est porteur de lettres il est principal créancier, et partie principal n'aura pas garant; l'autre car *in debilis* nul n'a garant; et supposé que l'obligacion feust bonne si
ne povoit-il aler par la voie qu'il est alée, mais par accion par
vertu d'un transport.

128. *De clers.* Nota que se aucun fait contre un clerc demande
personnelle et ypotheque, se il [le clerc] respond à l'ypotheque,
et à la personnelle il veult décliner, faire ne le peut; car puisque le roy notre sire a une partie en une cause celle trait l'autre
partie à lui, et [il en est de même] aussy en la personnelle et en
ypothèque, et de l'une accion naist l'autre; ainsi vous ne ren-
voirez pas ce dont l'en aura défendu devant vous.

129. *Notable.* Nota que de droit, puis aucun voit son droit
ventiler en jugement et en sa présence entre estrange personne,
il se peut bouter sanz adjornement; car se la sentence le prenoit, elle lui seroit moult préjudiciable et devroit demourer en
sa force, puisque en sa présence elle auroit été donnée, etc.

130. *Notable.* Nota que de raison et par la coustume des nobles un mincur noble ne se peut obliger ne contraictier valablement.

131. *De judic.* Item que de raison usage et coustume de la viconté de Paris, touz haulx justiciers et moyens pevent de leurs
cens et rentes aller par voie d'exécucion sur leurs hostels et
justic[i]ables ; supposé que le haut et moyen justicier aient fait
nouvel prevost ou maire, ou aient vendu la terre et la justice, le
successeur prevost peut aler par voie d'exécucion pour le temps
de son prédécesseur et pour leurs arrérages.

132. *Notable*. Nota que il est tenu en tourbe que se aucun homme donne ou vende aucune chose réelle à un autre, sanz soy dessaisir, par l'usage et coustume de court laye, se cellui qui a vendu ou donné joist touzjours de l'eritage, après sa mort la saisine va et descend à ses hoirs ; mais se cellui à qui on a vendu où donné apréhende la saisine de fait et joist [par] an et par jour et plus, en ce cas la saisine n'en va pas hors pour ce qu'il n'en est pas mors, saisi et vestu se ce n'est fief, car en fief aucun ne peut acquérir saisine sanz foy, etc.

Voy. Klimrath, *œuvres*, t. II, p. 381 et 382.

133. *De successione*. Nota que les hospitalliers sont cy dispensez du roy et du saint Père, que ilz peuvent succeder aussy bien comme se ilz feussent à sècle, et après leur décès tout s'en reva aux amis.

Voy. ci-dessus, § 109.

134. *De procureur*. Nota que de raison et par l'usage et coustume de France, un procureur en assise ne peut estre en présentacion pour conseillier la court que pour un [seul] vassal ; car se autrement estoit, il s'en pourroit ensuir tel inconvénient que un procureur pourroit estre pour touz les vassaulx et aussi pourrait la court défaillir de conseil.

155. *Notable*. Item quant à aucun sont bonnes raysons en seigneur, et puis il procède tant que jour de seconde production lui est assignée, il doit dénoncer à cellui qui les dictes raisons lui a enseignées qui lui administrent tesmoings, etc. ; à la première produccion il ne le faut pas, car il diroit qu'il se garderoit de mesprandre, et se ainsy n'estoit fait, l'autre, qui doit garentir *non teneretur et tempore et loco*, lui reproucheroit, etc.

136. *De mensuris*. Nota que il est pluseurs moyens justiciers qui ont cognoissance de mesures jusques à LX sous, mais il les prouvent devers le hault justicier, et se les dictes mesures estoient réputées pour fauces, et que il les fausist ardoir, le hault justicier en auroit la cognoissance et amende, et le moyen jusques à LX s. de prouffit ; ainsy d'un murtrier ou larron et par quant les autres justiciers au dessoubz jusques à tele amende comme ilz ont, etc.

137. Nota que un créditeur si peut bien fère à plusieurs en accion ypotheque et à chacun pour le tout, que *per satisfactionem seu satisficacionem unius alii sunt liberati*, etc.

138. *De obligatione.* Item supposé que aucune [personne] soit obligée par espécial, *nichilominus*, le créancier ou ses hoirs si pevent suivre par ipotheque le général obligié comme obligacion faicte en la faveur du créancier.

139. *Coustume.* Nota que se aucun homme ou femme vesves ont un ou pluseurs enfans du premier mariage, et sanz fere partage inventoire ne division, enfans se marient, par l'usage et coustume, les biens des diz mariez sont communs et les conquests qui sont faiz y a chacun son tiers pour indivis; et se le pere ou mere aux enfans meurt, les enfans ou enfant aura encore la moitié en la troisième partie de son pere ou de sa mere, et se il y a enfans du second mariage la quatrième partie; et pour tout ce que dit est, dedens l'an et jour ils pevent aler par voie de saisine, etc.

Voy. la *Cout. de Paris*, art. 240 et 242.

140. *Notable.* Item toutesfois que l'en content d'aucune justice, récréance n'est faicte à l'une partie ne à l'autre, mais le souverain par main souveraine le fait gouverner, etc.

141. *De rettrait.* Item que se aucun eschange se fait entre aucunes personnes de leurs propres héritages, et il y a absoulte, ou tant comme monte la somme do denicrs il y a retrait. Si est bon et seur que cellui qui soult (1), achète à part le pire de l'éritage, la femme (2) qui est absolte, afin que, se l'un retrait, qui ait de la pire partie que tout ne lui couste, etc.

(1) Qui paie.
(2) Evidemment, c'est *là somme* qu'il faut lire au lieu de *la femme*.

Voy. *Cout. de Paris*, art. 145.

142. *De censibus.* Nota que par l'usage et coustume de la ville de Paris et de la banlieue, l'en ne doit point demander aux seigneurs pour cause de cens non paiez le jour de saint Remi et aux ottaves saint Denis, et pour ce quant il y a deffaut de paie, l'en lieve l'uis, etc.

143. *De rettrait.* Item aucuns sont qui chevissent (1) devers les seigneurs quant ilz ont acheté aucun héritage, et n'en font point sair les achateurs (2) à la coutelle du retrait, jusques

(1) Composent, s'entendent avec les seigneurs.
· (2) Et ne font point savoir leur acquisition à ceux qui pourraient se porter acheteurs retrayants.

après l'an passé ; et demeure la désaisine en la main du seigneur pour faire exemption que les acteurs retraieurs ne facent à recevoir.

Ici l'auteur signale un abus, mais il n'indique point de remède.

144. *De procuration*. Nota que en procuration valable de vente de héritage fault cinq jours espéciaulx : primo de vendre et faut dire quoy ; ij° de saisir et iij° de recevoir ; iiij° de faire obligacion; v° de [faire] renonciacions. Se femme marié[e] fait son mary procureur, [il faut] qu'elle lui donne auttorité.

145. *De champartibus*. Nota que par la coustume de la pre-vosté et viconté de Paris, quiconques a terres à champart , il est tenuz de le[s] faire cultiver et labourer s'il en est sommez du seigneur à qui est le champart, et ce non obstant ycelle som-mation cellui de qui la terre est, n'en fait point de labour par III années, la terre est plainement acquise au seigneur à qui est le champart par la dicte coustume des terres tenues en champart, etc.

146. *De champartibus*. Item par les usages et coustumes des-suz dictes des terres tenues en champart, le seigneur à qui est deu le champart , n'en doit avoir ne los ne ventes, se il n'est chief seigneur, mais ou cas qu'il n'y en auroit point (1) il les auroit.

(1) Au cas où il n'y aurait point de chef-seigneur.

147. *De rettrait*. Item nota [que] l'en peut achater seurement sans retrait un héritage en villegnage par la manière qui s'en suit : primo l'on peut charger l'éritage oultre la charge qui doit autant comme l'en veult et prendre le dit héritage à cens et puis fere acheter la charge par un sien ami, chacun xx s. quatre fois plus qu'il ne vault, jusques à la somme accordée; et ainsi qui voudra retraire , retraira la rente, et demourra l'éritage et si aura l'en assez d'argent pour petit de rente. Ce ne pourroit l'en fère de rente annuelle.

148. *Coustume*. Item par la coustume de la ville de Paris not-toirement tenue et gardée, les héritiers et les mineurs, et aussi par ordonnances royaulx les mineurs, doivent recevoir leur blef par mesure de bourgois et habitans de la ville de Paris, et doi-vent rendre pour chacun sextier de blef xvj boisseaulx et demi de farine quand ilz se paient en argent, et se faute il y a ilz pevent arrester le cheval valablement.

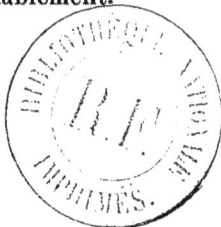

www.ingramcontent.com/pod-product-compliance
Lightning Source LLC
LaVergne TN
LVHW050618090426
835512LV00008B/1555